essentials

essentials liefern aktuelles Wissen in konzentrierter Form. Die Essenz dessen, worauf es als „State-of-the-Art" in der gegenwärtigen Fachdiskussion oder in der Praxis ankommt. *essentials* informieren schnell, unkompliziert und verständlich

- als Einführung in ein aktuelles Thema aus Ihrem Fachgebiet
- als Einstieg in ein für Sie noch unbekanntes Themenfeld
- als Einblick, um zum Thema mitreden zu können

Die Bücher in elektronischer und gedruckter Form bringen das Expertenwissen von Springer-Fachautoren kompakt zur Darstellung. Sie sind besonders für die Nutzung als eBook auf Tablet-PCs, eBook-Readern und Smartphones geeignet. *essentials:* Wissensbausteine aus den Wirtschafts-, Sozial- und Geisteswissenschaften, aus Technik und Naturwissenschaften sowie aus Medizin, Psychologie und Gesundheitsberufen. Von renommierten Autoren aller Springer-Verlagsmarken.

Weitere Bände in der Reihe http://www.springer.com/series/13088

Elmar Bräkling · Jörg Lux ·
Klaus Oidtmann · Frank Weinert ·
Tobias Uding

Kalkulation im Einkauf

Potenziale erkennen, bewerten und
professionell realisieren

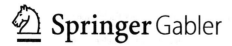 Springer Gabler

Elmar Bräkling
Koblenz, Deutschland

Klaus Oidtmann
Dresden, Deutschland

Tobias Uding
costdata GmbH
Köln, Deutschland

Jörg Lux
Bendorf, Deutschland

Frank Weinert
costdata GmbH
Köln, Deutschland

ISSN 2197-6708   ISSN 2197-6716   (electronic)
essentials
ISBN 978-3-658-28320-9   ISBN 978-3-658-28321-6   (eBook)
https://doi.org/10.1007/978-3-658-28321-6

Die Deutsche Nationalbibliothek verzeichnet diese Publikation in der Deutschen Nationalbibliografie; detaillierte bibliografische Daten sind im Internet über http://dnb.d-nb.de abrufbar.

Springer Gabler

Springer Gabler ist ein Imprint der eingetragenen Gesellschaft Springer Fachmedien Wiesbaden GmbH und ist ein Teil von Springer Nature.
Die Anschrift der Gesellschaft ist: Abraham-Lincoln-Str. 46, 65189 Wiesbaden, Germany

Was Sie in diesem *essential* finden können

- Die marktgerechte Zielpreisermittlung erfordert ein detailliertes Kostenverständnis.
- Open-Book-Kalkulationen und Target-Costing führen zu einem umfassenden Kostenverständnis.
- Transparente Kostenstrukturen lassen eine realistische Bewertung der möglichen Einsparpotenziale zu.
- Preisabfrage und Verhandlungsstrategie müssen für den Einkaufserfolg gut zusammen passen.
- Praxisbeispiele machen typische Ansatzpunkte für den Vergabeerfolg deutlich.

Inhaltsverzeichnis

Einführung

In jedem Unternehmen geht es um wirtschaftlichen Erfolg. Nachhaltiges, profitables Wachstum steht daher auf den vordersten Plätzen der betrieblichen Prioritätenliste. Das ist ein anspruchsvolles Ziel. Das Beschaffungsmanagement leistet hierzu einen wichtigen Beitrag. Hohe Versorgungssicherheit bei optimalen Kosten sind hier die klassischen Herausforderungen. Eine Top-Fremdversorgung im Hinblick auf Kosten und Leistung macht hier den Unterschied. Stimmt die Performance, kann das Umsatzpotenzial des Vertriebs durch optimale Beschaffung wirkungsvoll in Marge und EBIT umgewandelt werden – vorausgesetzt, dass auch die operative Wertschöpfung effizient funktioniert.

In komplexen und werthaltigen Ausschreibungen kommt es darauf an, auf der Kostenseite die Preise clever im Wettbewerb abzufragen und die Kostenstrukturen der Lieferanten genau zu verstehen. Die richtige Preisabfrage und Kostenanalytik hat eine große Bedeutung für den Erfolg von Vergabeprojekten. Fragt man beispielsweise in einer Vergabe um einen großen Maschinenpark einen Pauschal- oder Fixpreis an, kann man wettbewerbsintensive Anbieter gut über das Gesamtvolumen unter Druck setzen: Was ist es den Bietern wert, in dieses attraktive Projekt einzusteigen? Bei starkem Wettbewerb sind direkt große Preissprünge möglich, ohne in die Details abtauchen zu müssen. Voraussetzung ist allerdings, dass man über die entsprechend große Marktmacht verfügt und damit die Anbieterinteressen dominieren kann. Würde man dementgegen eine Maschine in einem engen Markt anfragen, reden wir über ganz andere Marktmachtkonstellationen. Machtbalance oder Marktdominanz der Bieter greifen in diesen Beispielen. Unter den Rahmenbedingungen des engen Marktes wäre eine Preisabfrage mit detaillierten und transparenten Kostenstrukturen und einem umfassenden Kostenverständnis im Detail sinnvoll. Über technische Einzelkriterien und Handlungsalternativen könnte man im Verhandlungsgespräch auf

© Springer Fachmedien Wiesbaden GmbH, ein Teil von Springer Nature 2020
E. Bräkling et al., *Kalkulation im Einkauf,* essentials,
https://doi.org/10.1007/978-3-658-28321-6_1

der Detailebene zu Preisveränderungen kommen; inhaltlich nachvollziehbar, in der Höhe begründet und prozessual eher in kleinen Verhandlungsschritten. Dafür muss man aber wissen, wo man genau ansetzen kann.

Die richtige Preisabfrage und ein gutes Kostenverständnis haben also direkten Einfluss auf das spätere Einkaufsergebnis und die damit verbundene EBIT-Wirkung. Zur richtigen Preisanfrage gehört demnach ein klarer Blick für die Vergabesituation. Neben einem guten Kosten- und Leistungsverständnis prägen dabei eben auch die Kräfteverhältnisse im Wettbewerb die Gestaltung geeigneter Preisanfragen wesentlich mit. Um hier zu guten Lösungen zu kommen, ist ein strukturiertes Vorgehen sinnvoll, das in diesem *essential* zunächst theoretisch erläutert wird. Die Kap. 2 und 3 sind dabei ein Auszug aus dem Werk „Beschaffungsmanagement", das im Februar 2019 im Springer Verlag erschienen ist (Bräkling und Oidtmann 2019). Dort wird das Vorgehensmodell für eine effektive Einkaufskalkulation vorgestellt:

- **Schritt 1:** Strukturierte Zielpreisbestimmung
- **Schritt 2:** Festlegung der Preisanfragestruktur
- **Schritt 3:** Gestaltung der Preisabfrage (Preisblatt und ggf. Kalkulationsanlagen)

Das theoretische Modell wird in Kap. 4 mit exemplarischen Business-Cases unterlegt, mit denen die Methodenpotenziale für die betriebliche Praxis verdeutlicht werden.

Die Zielpreisbestimmung

2

Im ersten Schritt rückt eine solide Einschätzung über den angestrebten Zielpreis und die Kostenstrukturen in den Mittelpunkt. Es muss klar sein, was man für eine Leistung bezahlen will. Der Zielpreis legt das Kostenziel einer Ausschreibung fest und muss im Einklang mit den Anforderungen der Leistungsseite stehen. Ein valides Preis-Leistungs-Gefühl ist eine wichtige Grundlage, um die konkrete Preisabfrage bei Anbietern clever auszugestalten.

Bei einfachen Beschaffungsobjekten, die auf transparenten Märkten allokiert werden, ist diese Aufgabe simpel. Für Normteile etwa lässt sich aus einer Marktanalyse schnell ein valider Zielpreis bestimmen. Sind Produkte bzw. Dienstleistungen einfach strukturiert, hat man viel Sourcing-Erfahrung und kennt man die Märkte genau, reicht dieses pragmatische Vorgehen vollständig aus. Bei komplexen Vergabeprojekten und schwierigen Märkten greift dieser Pragmatismus aber nicht mehr. Hier braucht es in der Zielpreisbestimmung intensive Detailarbeit für ein gutes Kostenverständnis.

Dabei können Zielpreise aus den für ein Beschaffungsobjekt erforderlichen Einsatzfaktoren ermittelt werden. Dafür wird der Wertschöpfungsprozess der Leistungserstellung genau analysiert. Die Einsatzfaktoren werden strukturiert, quantitativ mit Kosten belegt und ggf. mit Gemeinkostenzuschlägen ergänzt. Durch eine Eigenkalkulation wird eine Vollkostenrechnung durchgeführt, die im Folgenden auch „Open-Book-Kalkulation" genannt wird. „Open-Book" deshalb, da ggf. der Lieferant später aufgefordert wird, in seinem Angebot genau die hier herausgearbeiteten Kostentreiber in seiner Angebotskalkulation offenzulegen. In diesem Fall ist die erarbeitete Kalkulationsstruktur eine zentrale Vorarbeit für die spätere Preisabfrage und den nachfolgenden Angebotsvergleich. Alternativ kann ein Zielpreis aber auch aus dem für das eigene Endprodukt zu erzielenden Absatzerlösen abgeleitet werden. Hier erfolgt die Zielpreisfindung retrograd: Aus dem Verkaufspreis erfolgt eine Budgetbildung für die Einsatzfaktoren. Diese

© Springer Fachmedien Wiesbaden GmbH, ein Teil von Springer Nature 2020
E. Bräkling et al., *Kalkulation im Einkauf,* essentials,
https://doi.org/10.1007/978-3-658-28321-6_2

Budgets sind einzuhalten. Eine geeignete Methode dafür ist das „Target-Costing". In sehr komplexen Vergabeprojekten kann man beide Vorgehensweisen parallel anwenden. In diesem Fall spricht man vom „Gegenstromverfahren", da der Zielpreis sowohl ausgehend von den Einsatzfaktoren als auch retrograd über erzielbare Absatzerlöse ermittelt wird.

Durch die intensive Kalkulationsarbeit ergeben sich bereits in der Ausschreibungsphase ein sehr gutes Gefühl für eine gerechtfertigte Preisbildung und die ihr zugrunde liegenden Kostentreiber. Will man später Angebote valide bewerten, ist dieses Kostenverständnis ein „must have" für das Beschaffungsmanagement. Im Folgenden werden die angesprochenen Verfahren „Open-Book-Kalkulation", „Target-Costing" und das kombinierte „Gegenstromverfahren" im Detail erläutert.

2.1 Die Open-Book-Kalkulation über Einsatzfaktoren

Die Open-Book-Kalkulation basiert auf den Prinzipien der Vollkostenrechnung und stellt auf das in Abb. 2.1 dargestellte Kalkulationsgrundmuster ab (Hartmann 2010; Däumler und Grabe 2009; Weinert 2017; Langenbeck und Burgfels-Schächer 2017).

Dieses Grundmuster ist nun für das Vergabeprojekt jeweils weiter zu detaillieren, damit dort ein kompakter und tiefer Überblick über die Kostentreiber entsteht. Dabei können auch Derivate im Hinblick auf die oben angeführte Grundstruktur entwickelt werden. In der Praxis gilt: Der Mehrwert der Kalkulationsschemata ist wichtig, nicht die rein theoriekonforme Methodenumsetzung. Für die Durchführung der Zielpreiskalkulation empfehlen sich die in Abb. 2.2 aufgezeigten Arbeitsschritte.

Vollkostenrechnung		Deckungsbeitragsrechnung	
Materialeinzelkosten	_____	Stückzahl	_____
+ Materialgemeinkosten	_____	**Umsatz**	_____
= **Materialkosten**	_____	- variable Kosten	_____
Fertigungseinzelkosten	_____	= **Deckungsbeitrag**	_____
+ Fertigungsgemeinkosten	_____	- fixe Kosten	_____
=**Fertigungskosten**	_____	= **Gewinn**	_____
= **Herstellkosten**	_____		
+Verwaltungsgemeinkosten	_____	**Kommentar:**	
+ Vertriebsgemeinkosten	_____		
= **Selbstkosten**	_____		
+ Gewinnzuschlag	_____		
= **Zielpreis**	_____		

Abb. 2.1 Grundmuster Vollkostenrechnung

Abb. 2.2 Durchführung einer Zielpreiskalkulation

Die Operationalisierung der Arbeitsschritte kann auf vielfältige Weise erfolgen. In der Praxis sind dabei besonders kritische Eckpunkte zu beachten:

- **Ermittlung der Produkt-/Dienstleistungsstruktur:** Der reguläre Anwendungsfall für die Durchführung einer Open-Book-Kalkulation sind klar spezifizierte Produkte bzw. Dienstleistungen. Im Produktbereich liegen Geometrien, Materialien und Fertigungsprozesse als Kalkulationsgrundlage vor. Komplexe Produktsysteme bzw. Produktmodule können dabei über Stücklisten in ihre Einzelkomponenten aufgelöst werden. Auf dieser Basis lassen sich die Einzelkomponenten kalkulieren und die Ergebnisse später zu Gesamtkosten aggregieren. Im Grundsatz ist diese Vorgehensweise auch für Dienstleistungen möglich. Hier existieren zwar keine Stücklisten, aber Dienstleistungen können oft inhaltlich klar ausdifferenziert, abgegrenzt und beschrieben werden. Beratungs- und Entwicklungsprojekte lassen sich etwa in Phasen oder Pakete unterteilen. Technische Dienstleistungen, z. B. aus der Logistik, dem Facility Management oder IT-Services lassen sich klar inhaltlich beschreiben. Auf dieser Grundlage können entsprechende Dienstleistungsstrukturen abgebildet werden.
  Der übliche Anwendungsfall der Open-Book-Kalkulation sind demnach Ausschreibungen auf Spezifikationsbasis. Bei funktionalen Ausschreibungen wird es schwieriger. Hier kann eine Anwendung der Methode erfolgen, wenn bereits Analogien zu bestehenden Produkten bzw. Dienstleistungen bestehen oder ggf. typische Grundvarianten der Funktionsumsetzung bekannt sind. Dann wäre eine Szenarienbildung für typische Produkt- bzw. Dienstleistungsstrukturen möglich. In jedem Fall verliert die Methode aber an Schärfe. Diese Unschärfe ist jedoch besser, als gar keine Vorstellung über eine nachvollziehbare Zielpreisbildung zu haben. Ferner besteht die Möglichkeit, die erste Open-Book-Kalkulation grob anzulegen und mit zunehmendem Fortschritt des Angebotsverfahrens weiter zu schärfen. Das ist möglich, wenn sich die fachlichen Konzepte der Bieter klar abzeichnen oder konkrete Angebote vorliegen. Die können dann in Eigenregie „gegenkalkuliert" werden.

- **Ermittlung der Einzelkosten/Materialeinzelkosten:** Für die einzelnen Leistungs-
bestandteile der Produkt- bzw. Dienstleistungsstrukturen werden zunächst die
Einzelkosten bestimmt. Die Einzelkosten ergeben sich aus den bewerteten Einsatzfaktoren, die direkt in die Leistungserstellung eingehen. Dabei handelt es sich im
Wesentlichen um Materialeinzelkosten und Fertigungseinzelkosten. Den Materialeinzelkosten werden in der Regel die Kosten für zugekaufte **Rohstoffe** und Halb-
zeuge, also **Zukaufteile,** zugeordnet. Dazu muss präzise erfasst werden, welche
Rohstoffe und Zukaufteile in welcher Menge vom Lieferanten beschafft und in
die Wertschöpfung eingebracht werden. Stücklisten machen eine präzise Identifizierung möglich. Dann muss eine monetäre Bewertung dieser Einzelkosten
vorgenommen werden.
Die Bewertung kann prinzipiell über eigene Preiserfahrungen, vorliegende
Angebotsdaten oder auch über aktuelle Ist-Kosten erfolgen. Alternativ können aber sinnvoll moderne Kalkulationstools genutzt werden. Dafür stehen
Datenbanken mit aktuellen Preisinformationen zu Rohstoffen und typischen
Komponenten bereit. Börsennotierte Güter werden aktuell abgeglichen. In
Komponentendatenbanken fließen zur Bewertung Benchmarkdaten aus welt-
weiten Vergabeprojekten ein. Durch Rückkopplung auf die Produktstruktur ist
eine valide Bewertung jederzeit möglich.
- **Ermittlung der Einzelkosten/Fertigungseinzelkosten:** Unter den Fertigungseinzelkosten versteht man die Einsatzfaktoren, die neben den Materialien in die
Wertschöpfung des Lieferanten eingebracht werden und direkt der Leistungserstellung dienen. Typische Fertigungseinzelkosten sind Anlagenkosten, Werkzeugkosten, Rüstkosten, Schrottkosten, Lohnkosten und Logistikkosten.
Bei den **Anlagekosten** werden die maschinengebundenen Prozesskosten der
Fertigung ermittelt. Wenn Mengen und Zykluszeiten der Fertigung bekannt
sind, können die Kosten für die eingebrachte Infrastruktur entsprechend
auf Produkt- bzw. Dienstleistungsebene umgelegt werden. Dazu werden
Maschinenstundensätze ermittelt und bewertet. In diese Ermittlung können
Daten wie Investitionsbeträge, Abschreibungsdauer, Verbrauchskosten für
Strom, Wasser, Gas, Medien und Flächen sowie Installations- und Wartungs-
kosten einfließen. Voraussetzung ist, dass sie der Leistungserstellung genau
zugeordnet werden können. Falls es hier Unsicherheiten gibt, fließen diese
Kosten in die Berechnung der Fertigungsgemeinkosten ein (s. u.). An dieser
Stelle ist auf Exaktheit zu achten. Über den Maschinenstundensatz können
dann die Anlagenkosten in EUR pro Leistungseinheit ausgewiesen werden.
Eng verbunden mit den Anlagenkosten sind die **Werkzeugkosten.** Hier gilt
ein analoges Vorgehen, wobei außerhalb der Wartungskosten in der Regel nur
selten weitere Betriebskosten greifen. Hier liegt der Fokus entsprechend auf
den Entwicklungs- und Fertigungskosten.

Mit dem Betrieb der Anlagen sind dann weitere **Rüst-** und **Schrottkosten** verbunden. Wie oft müssen Werkzeuge gewechselt werden? Wie lange dauert das und welche Prozesskosten sind damit verbunden? Rüstkosten sind zu bewerten. Fallen Abfälle an, z. B. in subtraktiven Fertigungsverfahren wie drehen, schleifen und fräsen? Dieser sogenannte „Verschnitt" eingesetzter Rohstoffe muss mit bewertet werden. Sind Prozesse (noch) nicht stabil, müssen über Ausschussquoten monetäre Folgen bewertet werden. Die kalkulierten Kosten für Rüstvorgänge und Schrott können wieder auf die Produkteinheiten umgelegt werden.

Ggf. sind weitere sogenannte **Sondereinzelkosten** der Fertigung (SEK) zu berücksichtigen. Zu ihnen gehören Kosten für Konstruktionspläne, Modelle, Schablonen, Patente, Lizenzen, Analysen und Proben eines Fertigungsschritts etc. Diese Kosten sind auftragsbezogen und können den einzelnen Produkten zugeordnet werden.

Wird Fertigungspersonal eingesetzt, können die **Lohnkosten** direkt den Produkten zugeordnet werden. In der Regel berücksichtigt man dabei alle direkten Linienmitarbeiter in der Fertigung. Daneben können aber auch administrative Kräfte bzw. Führungskräfte in die Einzelkostenbetrachtung einbezogen werden, wenn ihre Leistungen ausschließlich dem zu bewertenden Produkt zuzuordnen sind. Betrachtet man Dienstleistungen, dann sind die wesentlichen Kosten in den Bereichen IT, Reise- und Lohnkosten verankert. Hier kann es sinnvoll sein, die Lohnkostenstruktur noch weiter aufzufächern, z. B. über Skill-Level oder Stellenbeschreibungen.

Am Ende der Fertigung werden Produkte verpackt und versandt. Entsprechend können die Kosten für **Verpackung, Zölle** und **logistische Dienstleitungen** auf die Produkteinheiten umgelegt werden.

Die Nomenklatur und Zuordnung von einzelnen Kalkulationsbausteinen zu den Fertigungseinzelkosten wird in der Praxis durchaus heterogen gehandhabt. Es kann also zu Abweichungen vom hier vorgestellten Modell kommen. Oft werden bspw. Sondereinzelkosten und Einzelkosten zu Werkzeugen oder Logistikleistungen auch in einem gesonderten Block „sonstige Kosten" zusammengefasst. Neben den Material- und Fertigungseinzelkosten entsteht ein drittes Ordnungselement für Einzelkosten. Das ist kein Problem. Schließlich ist die vorgestellte Ordnungslogik kein Dogma. Was dem Unternehmen hilft, ist richtig. Das gilt auch für die anderen vorgestellten Kalkulationsbausteine.

Zur Ordnung und Bewertung von Fertigungseinzelkosten kann auf Kalkulationstools zurückgegriffen werden (Abb. 2.3). Umfassende Datenbanken zu Anlagen-, Werkzeug-, Prozess- und Personalkosten können die Bewertungsarbeit signifikant unterstützen. Dabei können die o.a. Faktoren so in ihrer Nomenklatur angepasst werden, dass sie zu den Denk- und Logikmustern der Anwender passen. Hier gilt wieder der Grundsatz: Der Erfolg in der praktischen Anwendung zählt, nicht die detailgetreue Umsetzung eines Theoriemodells.

☐ Dynamische Schrottrate

Gruppe	Name	Zykluszeit	Maschinen	Personal	Rüsten	Fertigungskosten	Werkzeug
001 Walzwerk mit Riffelwalzen	01. Herstellung B-Flute (erste Wellpappenwelle)	0,002 min	0,000 €	0,001 €	0,001 €	0,002 €	0,000 €
002 Walzwerk mit Riffelwalzen	02. Herstellung C-Flute (zweite Wellpappenwelle)	0,002 min	0,000 €	0,001 €	0,001 €	0,002 €	0,000 €
003 Leimen & Trocken	03. Sondermaschine Leimen und Trocknen	0,004 min	0,004 €	0,001 €	0,004 €	0,009 €	0,000 €
004 Druck	04. Offsetdruck	0,002 min	0,002 €	0,001 €	0,003 €	0,006 €	0,000 €
005 Stanzen & Rillen	05. Stanzen und Rillen	0,003 min	0,001 €	0,001 €	0,001 €	0,003 €	0,001 €
006 Verpacken	06. Ausbrechen / Verpacken	0,013 min	0,000 €	0,008 €	0,000 €	0,008 €	0,000 €
007 Prüfung	07. Endkontrolle	0,000 min	0,000 €	0,000 €	0,000 €	0,000 €	0,000 €
008 Aufrichten und verkleben	08. Aufrichten und Verkleben	0,017 min	0,002 €	0,005 €	0,000 €	0,007 €	0,000 €

	€ / Jahr	€ / h	€ / min	€ / Teil	
Investition	375.150.000				
+ Zinsen	72.929.159	69.759	1,163	0,003	9,509 %
+ Verbrauch	226.341.993	13.561	0,226	0,001	1,848 %
+ Raum	74.662.108	42.085	0,701	0,003	7,772 %
+ Instandhaltung	106.242.478	13.923	0,232	0,001	2,567 %
+ Versicherung	14.941.800	19.756	0,329	0,001	2,693 %
+ Direkte Eingabe	0,000	2.778	0,046	0,000	0,375 %
= Maschinen	870.467.439	0.000	0,000	0,000	0,000 %
+ Direkte Löhne	260.879.795	161.862	2,698	0,009	
+ Sozialgemeinkosten	260.879.795	77.333	1,289	0,007	18,515 %
= Arbeitsplatz	1.543.154.330	48.990	0,817	0,004	11,729 %
+ Fertigungsgemeinkosten	401.803.725	288.185	4,803	0,019	18,070 %
+ Schrott	17.080.290	75.477	1,258	0,006	0,589 %
+ Rüsten	1.187.717.423	3.166	0,053	0,000	26,334 %
= Fertigung	3.149.875.768	220.831	3,681	0,009	
		587.678	9,795	0,035	

26,334 % Rüsten
18,515 % Direkte Löhne
18,070 % Fertigungsgemeinkosten
11,729 % Sozialgemeinkosten
9,509 % Investition
7,772 % Verbrauch
2,693 % Instandhaltung
2,567 % Raum
1,848 % Zinsen
0,589 % Schrott
0,375 % Versicherung

Zykluszeitsumme 0,043 min
Werkzeuge 0,001 €
Maschinen 0,009 €
Personal 0,017 €
Rüsten 0,009 €
Fertigungskosten 0,035 €

Abb. 2.3 Berechnung von Fertigungseinzelkosten (Beispiel costdata GmbH)

- **Ermittlung der Gemeinkosten:** Nicht alle Kosten eines Unternehmens können direkt und unmittelbar spezifischen Produkten und Dienstleistungen zugeordnet werden. Schließlich stellt das Unternehmen auch strukturell übergreifend für die Wertschöpfung die erforderliche Infrastruktur bereit. Diese Strukturkosten bezeichnet man als Gemeinkosten. Sie werden insgesamt auf das Unternehmen umgelegt. Für alle Produkte und Dienstleistungen greifen sogenannte Zuschlagsfaktoren, die auf die Einzelkosten hinzuaddiert werden. Zur abschließenden Bewertung der Herstellkosten müssen demnach die Zuschläge für Material- und Fertigungsgemeinkosten berücksichtigt werden. Im Bereich der **Materialgemeinkosten** kommen etwa Kosten für die Abwicklung von Beschaffungsvorgängen oder den Betrieb des Wareneingangslagers zum Tragen. Im Bereich der **Fertigungsgemeinkosten** werden Nebenleistungen für die Produktion bewertet, z. B. Kosten für die Arbeitsvorbereitung, die Bewirtschaftung ganzer Produktionshallen, für übergreifend eingesetztes Logistikequipment oder auch für Betriebshaftpflichtversicherungen.

Nach dem vorgestellten Kalkulationsgrundmodell müssen zur Ermittlung der Selbstkosten noch die Vertriebs- und Verwaltungsgemeinkosten ermittelt werden. **Vertriebsgemeinkosten** sind auf die Gesamtheit aller Vertriebsaktivitäten zurückzuführen. Hier greifen insbesondere Personal-, Reise- und Marketingkosten. Der Vertrieb ist in der Regel nicht auf die Einzelangebote eines Unternehmens ausgelegt. Er adressiert das gesamte Leistungsspektrum. Daher kann auch dieser Kostenblock nicht direkt in Form von Einzelkosten ausgewiesen werden. „Kostenumlage" ist folglich auch hier das Stichwort. Die zu berücksichtigenden **Verwaltungsgemeinkosten** entstehen durch den Betrieb der Querschnittfunktionen des Unternehmens, wie den Bereichen Finanzen, Controlling, Personal, Marketing, Rechtsabteilung, Arbeitsschutz. Dazu kommen die Verwaltungskosten für die Führungsstrukturen im Management. Diese Kostenbausteine adressieren die Leistungsfähigkeit des Gesamtunternehmens und lassen sich ebenfalls nicht Einzelleistungen zuordnen. Daher gilt auch für sie das Umlageprinzip. Gerade die Zuschläge für die Verwaltungsgemeinkosten stehen häufig unter einer kritischen Betrachtung. Bei hohen Zuschlagsätzen ist schnell vom „Wasserkopf" die Rede, der von den produktiven Unternehmensbereichen getragen werden muss.

Die nach dem Grundmodell dargelegte Ordnung der Gemeinkosten variiert in der Praxis stark. Oft werden weitere Detaillierungen strukturiert (vgl. Abb. 2.4). Schwierig ist die Bestimmung valider Zuschlagsätze. In der Recherche zeigt sich ein weit gefächertes Bild von Meinungen und Fakten, die sich vermischen. Oft prägen grobe Schätzungen diesen Arbeitsschritt. Wenn aber von einem zweistelligen prozentualen Kostenanteil geredet wird, ist diese Kostenschätzung ein erheblicher Unsicherheitsfaktor. Auch in der späteren Lieferantendiskussion lassen sich über Schätzungen und Behauptungen nur schwer sachlich gestützte Argumentationsketten formulieren, die in Verhandlungen tragen. Daher macht auch hier der Einsatz professioneller Kalkulationstools Sinn. Auf Basis von Datenbanken, die in Abhängigkeit von Regionen, Branchen, Betriebsgrößen, Wertschöpfungsstrukturen und Umsatzkategorien, Kosteninformationen verdichten, lassen sich gezielt typische Gemeinkostenstrukturen ermitteln. Die breite Datenbasis stützt hier die „Annahmen" und macht sie argumentationsfähig. Abb. 2.4 gibt ein Beispiel für eine Gemeinkostenbewertung.

- **Gewinn/Marge:** Der Lieferant wird berechtigterweise einen angemessenen Gewinn auf seine Leistungen aufschlagen. Doch wie groß darf der Gewinn sein? Zur Zielpreisermittlung kann auf Basis der berechneten Selbstkosten ein Gewinnaufschlag kalkuliert werden. Aus diesem Aufschlag ergibt sich dann der Zielpreis.

  Der Gewinnzuschlag kann sich wiederum an typischen Margen in Bezug auf Branchen, Produkte, Regionen und Unternehmensgrößen orientieren. Auch hier kann mittels Kalkulationstools auf eine breite Basis an Benchmarkdaten zurückgegriffen werden.

  Ferner ist es möglich, den Gewinnaufschlag weiter auszudifferenzieren. Je nach Produkt können einzelne Gewinnbausteine auf die Einsatzfaktoren Material, Zukaufteile und Fertigung referenziert werden. Diese Strukturierung erlaubt später in der Verhandlung mit Lieferanten eine präzise Analytik und Diskussion der Gewinncharakteristika. Kann man sich hier auf Benchmarkdaten stützen, ist das ein zentraler strategischer Vorteil in der Verhandlungsführung.

- **Preisübersicht:** Sind alle Kostentreiber für die Leistungserstellung bewertet, können die Ergebnisse in einer kompakten Preisübersicht zusammengefasst werden. Sie orientiert sich in ihrer Struktur an der gewählten Ordnungslogik der Kalkulationsbausteine. Bei komplexen Produktsystemen/-modulen oder Dienstleistungen ist es möglich, ausgehend von einer Gesamtpreisübersicht, auf die einzelnen Struktur-elemente herunterzubrechen. Damit entsteht ein kompakter Überblick, mit Detailinformationen hinterlegt (Abb. 2.5).

- **Ermittlung von Kostentreibern und Potenzialfeldern:** Aus den Kostenschwerpunkten können die wesentlichen Kostentreiber für ein Produkt- oder eine Dienstleistung identifiziert werden. Geht es in erster Linie um Material, effiziente Fertigungsprozesse oder um Personalkosten? Diese und ähnliche Fragen werden über die Tiefenkalkulation sichtbar. Entsprechend können bereits jetzt im Ausschreibungsdesign Schwerpunkte definiert werden, um die man sich später in der Angebotsbewertung und der anschließenden Verhandlung kümmern sollte.

Benchmark

Land   Deutschland
Region Baden-Württemberg (Tarif)
Branche Elektrotechnik

Verhältnis von Material zu Umsatz 50%
Umsatz (Millionen €) 173,3

Umsatzübersicht

Organigram

	Errechnet		Fest		Benchmark	
Material	0,000 %	>	3,700 %	∨	2,500 %	
Fertigung	0,000 %	>	27,800 %	∨	28,100 %	
Vertrieb	0,000 %	>	2,300 %	∨	1,800 %	
Verwaltung	0,000 %	>	9,000 %	∨	9,000 %	
Entwicklung	0,000 %	>	13,600 %	∨	14,200 %	
Logistik	0,000 %	>	1,100 %	∨	0,800 %	
Sozial	71,788 %	>	72,073 %	∨	72,073 %	
Raum	0,000 €/qm/a	>	111,430 €/qm/a	∨	111,430 €/qm/a	
Instandhaltung	0,000 %	>	4,000 %	∨	3,300 %	
Versicherung	0,000 %	>	0,578 %	∨	0,578 %	

Abb. 2.4   Gemeinkostenstrukturen (Beispiel costdata GmbH)

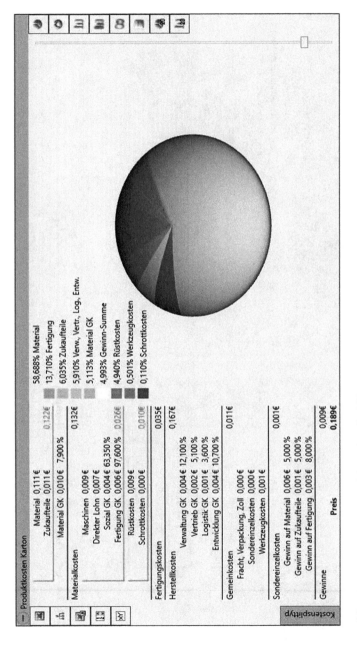

Abb. 2.5 Preisübersicht (Beispiel costdata GmbH)

Gleichfalls können mit Hilfe von Kalkulationstools Simulationen durch Variation von Einsatzfaktoren vorgenommen werden. Wie verändern sich Kostenstrukturen, wenn man Materialien substituiert, Geometrien vereinfacht oder auch Standortalternativen für die Fertigung betrachtet werden. Durch Simulation werden frühzeitig relevante Kostenpotenziale sichtbar (vgl. Abb. 2.6). Das ist insbesondere in der frühen Phase von Vergabeprojekten ein wichtiger Mehrwert. Die Erkenntnisse aus den Simulationen können konkret genutzt werden: Im Ausschreibungsdesign lassen sich Anforderungen anpassen, um von vorne herein die Ausgangslage für gute Angebote zu optimieren. Spezifikationen werden in Folge vor der Anfrage verändert oder mit Zielmärkten für

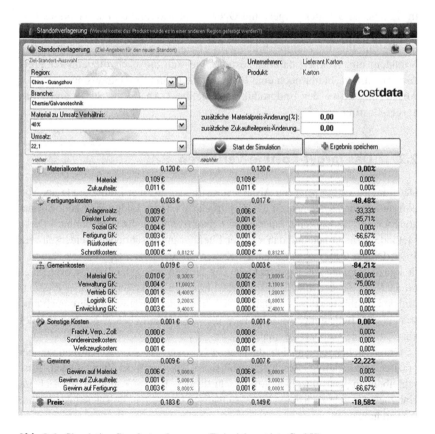

Abb. 2.6 Simulation Standortverlagerung (Beispiel costdata GmbH)

die Fertigung hinterlegt. Entscheidet man sich im weiteren Ausschreibungsdesign für die Anwendung einer externen Open-Book-Preisabfrage (s. u.),
lassen sich die Preisblätter präzise im Hinblick auf Kostenschwerpunkte und
-potenziale ausrichten. Das unterstützt massiv die Vorbereitung der kommerziellen Ausschreibungsunterlagen.

In funktionalen Ausschreibungen lassen sich im späteren Angebotsverfahren
auf Basis erster Konzeptvorschläge frühzeitig Gestaltungsvarianten kalkulato-
risch testen. Den Bietern kann man Hinweise zur Vertiefung oder zum Aus-
schluss einzelner Konzepte geben. Das erhöht die Effektivität und Effizienz
aller Beteiligten im Angebotsverfahren.

In Summe ist die hier vorgestellte Open-Book-Kalkulation ein wichtiges Ins-
trument, um ausgehend von den erforderlichen Einsatzfaktoren, ein siche-
res Gefühl für die Zielpreisbildung in einem Vergabeprojekt zu gewinnen.
Nachdem nun Klarheit darüber besteht, wie sich ein nachvollziehbarer Preis
zusammensetzt, bleibt noch eine Frage offen: Ist dieser Zielpreis auch aus der
Absatzperspektive der Endprodukte darstellbar? An dieser Stelle greift das
Target-Costing.

2.2   Das Target-Costing-Verfahren

Das Target-Costing setzt am Absatzmarkt für die eigenen Endprodukte an. Von
dort aus werden systematisch die Zielkosten für die im Endprodukt zum Einsatz
kommenden Zukaufteile und Dienstleistungen retrograd bestimmt. Diese
Methode ist nicht neu und daher in der Literatur gut beschrieben (Seidenschwarz
1993; Dinger 2002). Sie ergänzt das Kostenverständnis der Open-Book-Kalkulation gezielt um die Absatzperspektive. Bei der Bewertung der Target-Cost geht es
oft auch um die sinnvolle Realisierbarkeit bzw. die Marktfähigkeit eines Produkt-
projekts. Damit hat dieses Verfahren nicht nur eine operative, sondern auch eine
strategische Bedeutung. Abb. 2.7 fasst die die wesentlichen Arbeitsschritte des
Target-Costing kompakt zusammen.

Grundsätzlich eignet sich das Target-Costing sowohl zur Anwendung bei
präzise spezifizierten Beschaffungsobjekten, als auch in funktionalen Ausschreibungen. Die einzelnen Arbeitsschritte des Target-Costing lassen sich im
Unternehmen standardisieren und systematisch bearbeiten. Beispiele machen ihre
Anwendung deutlich:

Arbeitsschritte im Target-Costing
Ermittlung des „Target-Prices" für das eigene Produkt Welcher Preis kann auf dem Markt erzielt werden?
Ermittlung der „Allowable-Costs" für die Produkterstellung Welche Kosten dürfen bei der Produktentstehung maximal anfallen?
Ermittlung der Nutzwerte des eigenen Produkts Welche Funktionen und Produktbestandteile haben für den Kunden welchen Nutzwertanteil?
Ermittlung der „Target-Costs" für das eigene Produkt Welche Funktionen und Produktbestandteile dürfen wieviel kosten?
Ermittlung der „Standard-Costs" für die Produkterstellung Welcher Kosten entstehen heute für die Funktionen und Produktbestandteile?
Ermittlung der „Drifting-Costs" des eigenen Produkts Welche Kostenreduktionen sind erforderlich, um die Target-Cost zu erreichen?
Ermittlung der Zielkostenindizes für das eigene Produkt In welchen Funktionen und Produktbestandteilen liegen die zentralen Kostensenkungsbedarfe?

Abb. 2.7 Wesentliche Arbeitsschritte im „Target-Costing"

- **Ermittlung „Target-Price":** Die Analyse beginnt mit dem Blick auf das eigene Endprodukt: Welcher Preis ist mit dem eigenen Produkt auf dem Markt erzielbar? Der erzielbare Verkaufspreis ist der „Target-Price". So könnte bspw. für einen eleganten Füller ein „Target-Price" von 160 EUR erzielt werden.
- **Ermittlung „Allowable Costs":** Aus dem „Target-Price" werden durch Subtraktion der angestrebten Marge die maximal für die Produkterstellung möglichen Kosten abgeleitet, die „Allowable Costs". Im Beispiel des Füllers bleiben bei einer angestrebten Marge von 60 EUR für die „Allowable Costs" 100 EUR übrig.
- **Nutzwertanalyse:** An dieser Stelle wird hinterfragt, welche Produktfunktionen bzw. Produktpositionen für den Käufer welchen Nutzwertanteil am Produkt haben. Der Nutzwert des Produktes wird im ersten Schritt über alle Produktfunktionen ausdifferenziert. So könnten beispielsweise die Kunden des eleganten Füllers die Gebrauchsfunktion „Schreiben" mit 40 % und die Geltungsfunktion „Statussymbol" mit 60 % des Nutzwertes einstufen. Ist die grundsätzliche Nutzwertdifferenzierung erfolgt, können den einzelnen Funktionen die Produktpositionen zugeordnet werden, die der Erfüllung der Funktion

dienen. So ist beim Beispiel Füller die Feder eine wichtige Produktposition zur Erfüllung der Funktion „Schreiben". Die Produktpositionen werden dann mit ihren Teil-Nutzwerten zur Erfüllung der Funktionen bewertet. Am Beispiel Füller könnte die Feder für die Funktion „Schreiben" mit einem Teil-Nutzwert von 75 % belegt werden. Der 75 %-Teil-Nutzwert der Feder am Nutzwert der Funktion „Schreiben" ergibt einen Nutzwert der Feder in Höhe von 30 % für das Gesamtprodukt (75 % * 40 % = 30 %). In präzisen Spezifikationen können die Nutzwertanteile der einzelnen Produktpositionen ermittelt und in tabellarischer Form aufbereitet werden. Bei Ausschreibungen mit Funktionalverzeichnissen erfolgt die Ermittlung der Nutzwerte zunächst nur bis auf die Ebene der Produktfunktionen, da die Produktlösungen noch offen sind.

- **Ermittlung „Target Costs":** Die „Allowable Costs" sind die Zielkosten des Gesamtprodukts. Im Beispiel Füller sind dies 100 EUR. Sie sind über die einzelnen Produktfunktionen bzw. -positionen aufzuspalten. Es ergeben sich „Target Costs" auf Funktions- bzw. Produktpositionsebene. Diesen Schritt der Kostenaufteilung nennt man auch Zielkostendekomposition. Jeder Funktion bzw. Produktposition werden „Target Costs" zugeordnet, die in ihrer Höhe dem Anteil ihres Nutzwertes am Gesamtprodukt entsprechen. Die einzelnen „Target Costs" richten sich also nach dem relativen Nutzwert einer Funktion bzw. Produktposition. So würde in unserem Beispiel Füller der Gebrauchsfunktion „Schreiben" ein Kostenanteil von 40 % aus den „Allowable Costs" von 100 EUR zugeordnet. Die „Target Costs" für die Funktion „Schreiben" wären demnach 40 EUR. Die Funktion „Schreiben" würde durch das Zusammenwirken unterschiedlicher Produktpositionen umgesetzt, z. B. der Feder. Die Feder wurde mit einem Teil-Nutzwert von 75 % für die Funktion „Schreiben" bewertet. Demnach ergäben sich für die Feder „Target Costs" in Höhe von 75 % bezogen auf die 40 EUR. Der Zielpreis der Feder läge demnach bei 30 EUR. Bei präzisen Spezifikationen kann eine Ermittlung der „Target Costs" für alle Produktpositionen vorgenommen werden. Kommen Funktionalverzeichnisse zur Anwendung, erfolgt an dieser Stelle die Ermittlung der „Target Costs" zunächst nur bis auf die Ebene der Produktfunktionen. Liegen später Angebote vor, können auch bei funktionalen Ausschreibungen die Nutzwerte und „Target Costs" auf Basis der angebotenen Lösungen bzw. Lösungspositionen ergänzt werden.
- **Ermittlung „Standard Costs":** Bei den „Standard Costs" handelt es sich um die Kosten, die aktuell für die analysierten Funktionen bzw. Produktpositionen real bezahlt bzw. angeboten werden. Dazu können bestehende Preisvereinbarungen bzw. Preisangebote genutzt oder Analogien zu identischen/vergleichbaren Produkten gezogen werden. So kann in unserem Beispiel Füller z. B. für

ein vergleichbares Produkt ein belastbarer Erfahrungswert von 35 EUR für die Feder vorliegen. Liegen keine belastbaren „Standard Costs" aus Erfahrungswerten, Preisvereinbarungen oder Preisangeboten vor, erfolgt bei spezifizierten Produkten mithilfe der Vollkostenrechnung (siehe Absatz „Open-Book-Kalkulation") eine Kalkulation der „Standard Costs" über Einsatzfaktoren. Hier lassen sich die Methoden des „Target Costing" und der „Open-Book-Kalkulation" sinnvoll miteinander vernetzen. In funktionalen Ausschreibungen kommen, sofern keine Analogien gezogen werden können, Expertenschätzungen zum Tragen. Dazu braucht es dann sehr qualifiziertes und erfahrenes Personal.

- **Ermittlung „Drifting Costs":** Bei den „Drifting Costs" handelt es sich im Verständnis dieses Buches um die Differenz aus „Standard Costs" und „Target Costs". Im aufgezeigten Beispiel Feder wären die „Drifting-Costs" 5 EUR, abgeleitet aus den „Standard Costs" von 35 EUR und den „Target Costs" von 30 EUR. Aus den „Drifting Costs" wird auf Funktions- bzw. Positionsebene der Handlungsbedarf zur Kostensenkung bzw. das Potenzial zur Abschöpfung zusätzlicher Marge deutlich. Sind die Drifting Costs über alle Funktionen bzw. Produktpositionen in Summe >0, besteht Kostensenkungsbedarf, da die „Allowed Costs" des Produkts nicht erreicht werden. Bei Summenwerten <0 werden die „Allowed Costs" unterschritten, was zur Margensteigerung führt.

- **Berechnung „Zielkostenindex":** Zur Steuerung von Vergaben und Verhandlungsschwerpunkten können ferner Zielkostenindizes gebildet werden. Der Zielkostenindex einer Funktion/Produktposition setzt ihre Kosten- und Nutzenanteile am Gesamtprodukt in Relation und errechnet sich wie folgt:

$$\text{Zielkostenindex} = \frac{\text{Nutzwertanteil einer Funktion oder Produktposition am Gesamtnutzwert [\%]}}{\text{Kostenanteil einer Funktion oder Produktposition an den Gesamtkosten [\%]}}.$$

Betrachtet man die ermittelten „Target Costs" und setzt diese in die Formel ein, ergibt sich immer ein „Zielkostenindex" von 1, denn der Kostenanteil einer Produktposition an den Gesamtkosten entspricht immer exakt dem jeweiligen Nutzwertanteil am Produkt. Setzt man die „Standard Costs" in die Formel ein, so erhält man ggf. von 1 abweichende Werte. Ist der Indexwert <1, ist der relative Kostenanteil der Produktposition höher als ihr relativer Nutzwert. Kostet die Feder in unserem Beispiel 35 EUR, bei Füller-Gesamtkosten von aktuell 104 EUR, so beträgt der Kostenanteil der Feder 33,6 %. Der Nutzwert wurde jedoch mit nur 30 % bestimmt. Es ergibt sich ein „Zielkostenindex" von 0,89. Kostensenkungen wären erforderlich. Über den „Zielkostenindex" (vgl. Abb. 2.8) lassen sich Funktionen und Produktpositionen identifizieren, die überproportionale Kosten gemessen an ihren Nutzwerten aufweisen. Das gibt wichtige Hinweise, worauf man sich im Vergabeprojekt konzentrieren sollte.

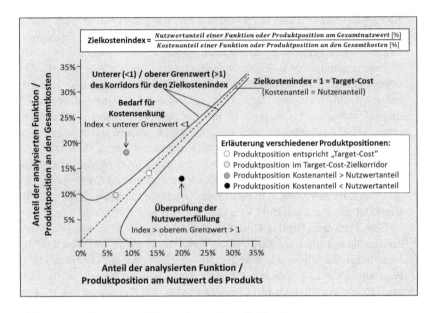

Abb. 2.8 Elemente eines „Zielkostenindex-Kontroll-Charts"

In der Regel werden in Vergaben Korridore für Zielkostenindizes vorgegeben, die eingehalten werden müssen. Je höher dabei der Nutzwertanteil einer Funktion oder Produktposition ist, desto enger sollte der Zielkorridor ausgestaltet sein.

Im Ergebnis führt auch das „Target Costing" zu einer intensiven Auseinandersetzung mit den Preisbildungsmechanismen und den Stellhebeln für ein Beschaffungsobjekt. Es ergibt sich ein begründeter Zielpreis für das Vergabeprojekt insgesamt sowie für seine Produktfunktionen und -positionen. Es wird deutlich, wie hoch der Handlungsbedarf zur Kostensenkung ist, um die Zielkosten zu erreichen. Die Analyse des „Zielkostenindex" erlaubt dabei die Identifizierung inhaltlicher Schwerpunkte im Hinblick auf Kostenrisiken bzw. Kostensenkungsbedarfe.

Als Kritik am Target Costing kann angemeldet werden, dass das vorausgesetzte Gleichgewicht aus Produktnutzen und -kosten in der Praxis größere Abweichungen zur Realität aufweist, da eben Grundkostenstrukturen wesentlich durch die benötigten Einsatzfaktoren bestimmt werden. Daher macht es Sinn, das Target Costing und die Open-Book-Kalkulation gemeinsam für ein Gesamtbild umzusetzen und die Ergebnisse gemeinsam zu bewerten.

2.3   Kalkulation im Gegenstromverfahren

Im Gegenstromverfahren werden beide vorgestellten Methoden parallel eingesetzt. Das verbreitert die Basis zum Kostenverständnis einer sehr komplexen Vergabe. Darüber hinaus lassen sich aus dem Vergleich der Bewertungsperspektiven „Einsatzfaktor" und „Absatzmarkt" typische Rückschlüsse ziehen: Kommen beide Verfahren unabhängig voneinander zu einem vergleichbaren Ergebnis, kann man davon ausgehen, dass man die Kostenlage insgesamt marktkonform einschätzt und die Beschaffungs- wie Absatzmärkte kostentechnisch schlüssig miteinander verzahnt sind. In Folge steht durch geschicktes Marktverhalten die konkrete Realisierung des Zielpreisniveaus an. Liegt der Zielpreis auf Einsatzfaktorebene deutlich unter den Target Costs, dann handelt es sich um Vergabeprojekte, mit denen ordentlich Marge für das eigene Unternehmen gemacht werden kann. Hier gilt es, alle EBIT-Potenziale voll auszuschöpfen und nichts im Markt zu verschenken. Ist die Lage umgekehrt, also erlauben die Einsatzfaktoren die Realisierung der Target Costs nicht, dann handelt es sich um besonders kritische Vergaben. Hier steht das EBIT stark unter Druck. Geht man in den Markt, muss man versuchen den EBIT-Schaden zu begrenzen. Besser wäre es hier, das eigene Produkt und die Zukaufleistungen nochmals kritisch zu hinterfragen, ob man für die Ausschreibung wirklich die beste Marktlösung gewählt hat. Oft sind umfassende Arretierungen auf der Leistungsseite erforderlich, um Einsatzfaktorkosten und absatzorientierte Target Costs wieder in Balance zu bringen. Dieses Problem vor dem Ausschreibungsstart zu erkennen, ist von zentraler Bedeutung. Mit einer isolierten Durchführung einer Kalkulation über Einsatzfaktoren ist dies aber nicht zu leisten.

2.4   Die richtige Methodenauswahl

Eine detaillierte Zielpreisanalyse nach dem Gegenstromverfahren ist ein sehr arbeitsintensiver Vorgang. Ist das Vergabeprojekt aber von höchster wirtschaftlicher Bedeutung und fachlich sehr komplex, lohnt sich dieser Aufwand. Damit kann auch unter schwierigen Vergabebedingungen für ein belastbares Kostenverständnis im Beschaffungsmanagement gesorgt werden. Das wird hier von der Procurement-Funktion auch erwartet.

In etwas weniger komplexen Vergaben oder auf Basis eines breiten Erfahrungshintergrunds reicht der Einsatz einer der beiden Grundmethoden für die Zielpreisfindung und für ein breites Kostenverständnis aus. Im Bereich klarer

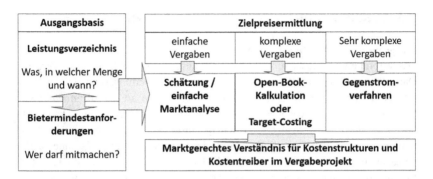

Abb. 2.9 Verfahren der Zielpreisermittlung

Spezifikationen hat die Open-Book-Kalkulation signifikante Vorteile. In inhalt-lich noch diffusen, funktionalen Vergaben nimmt die Unschärfe dieser Methode aber stark zu. Oft ist dann die Sicht auf die Absatzmärkte zunächst die bessere Variante: Schließlich sollen die zugekauften Funktionen am Ende auf Kunden treffen, die bereit sind, dafür das kalkulierte Geld auch wirklich auszugeben. Im weiteren Verlauf des Vergabeverfahrens können dann Open-Book-Elemente zusätzlich in die Kostenanalytik integriert werden, z. B. indem man in der fina-len Angebotsabgabe grundsätzliche Kostenstrukturen nach dem Open-Book-Prinzip offenlegen lässt. Je reifer funktionale Angebote ausgestaltet sind, umso mehr gewinnt die Bewertung der für die Lösungen erforderlichen Einsatzfaktoren an Bedeutung. In sehr einfachen Vergaben lohnt der Aufwand für Open-Book-Kalkulation und Target Costing nicht. Hier reichen zur Zielpreisbestimmung klassische Schätzung auf Erfahrungsbasis oder schnell durchzuführende Markt-analysen (Quick-Checks) völlig aus. Abb. 2.9 macht die Logik der Zielpreiser-mittlung noch einmal im Gesamtkontext deutlich.

Die Preisabfrage

3

Mit der Zielpreisbestimmung liegt ein klares Verständnis zu Kostenstrukturen und zum erwarteten Preisniveau im Vergabeprojekt vor. Noch ist aber die Frage nicht beantwortet, wie man die Bieter in der Ausschreibung am besten nach dem Preis fragt. Das beste Detailwissen muss später nicht immer die beste Lösung für eine starke Verhandlung sein. Für die richtige Preisabfrage ist das Kostenverständnis in den Kontext der Marktmachtverhältnisse zu stellen. Davon hängt ab, wie kompakt oder detailliert man mit der Preisabfrage in den Markt gehen sollte.

3.1 Die richtige Preisabfragestruktur

Zur Strukturierung der Preisabfrage kann man sich zunächst am Procurement-Portfolio orientieren, das entsprechend der Marktmachtverhältnisse von Lieferanten und Kunden die fünf Marktcluster Wertschöpfungs-, Wettbewerbs-, Abwicklungs-, Beziehungs- und Opportunitätspartnerschaften differenziert (vgl. Abb. 3.1). Aus der Zuordnung einer Vergabe zu einem dieser Marktcluster können im Hinblick auf anstehende Verhandlungen konkrete Rückschlüsse auf den sinnvollen Detaillierungsgrad einer Preisabfrage gezogen werden.

- **Wertschöpfungspartnerschaften:** In den Wertschöpfungspartnerschaften treffen zwei starke Partner auf Augenhöhe aufeinander. In der Vergabe geht es um Know-how (Innovationen) und Geschwindigkeit. Plausible Kosten sind wichtig, es geht hier aber nicht um den „letzten Cent". Machtbalance und gegenseitige Abhängigkeiten prägen das Verhalten im Geschäft und in der Verhandlung. Hier ist es sinnvoll, in der Preisabfrage stark ins Detail zu gehen.

© Springer Fachmedien Wiesbaden GmbH, ein Teil von Springer Nature 2020
E. Bräkling et al., *Kalkulation im Einkauf,* essentials,
https://doi.org/10.1007/978-3-658-28321-6_3

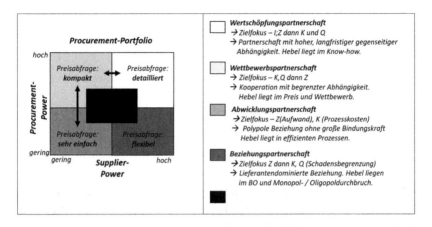

Abb. 3.1 Grundsystematik der Preisabfragestruktur

Dabei kommen alle typischen Gestaltungselemente der Preisabfrage zum Einsatz (Details dazu vgl. Abschn. 3.2 „Gestaltung der Preisabfrage"):

- **Abfrage Einstandspreis:** Die Abfrage des Einstandspreises erfolgt über eine kompakte Gesamtpreisabfrage. Diese kann je nach Vergabeobjekt über ein geeignetes Preismodell (s. u.) inhaltlich ausdifferenziert und damit auch im Detaillierungsgrad grob variiert werden.

- **Abfrage Open-Book-Kalkulation:** Um die Kostenbildung der Anbieter im Detail nachvollziehen und verhandeln zu können, wird der abgefragte Einstandspreis mit einer Open-Book-Kalkulation hinterlegt. Über diese Kalkulation kann die Bewertung aller relevanten Einsatzfaktoren nachvollzogen werden. Damit hat man in der Verhandlung den Zugang auf die Detailebene.

- **Abfrage TCO-Kalkulation (optional):** Resultieren aus der Vergabe weitere relevante Folgekosten, sind diese im Rahmen einer TCO-Kalkulation ergänzend offenzulegen. TCO-Kosten greifen insbesondere bei Investitionsgütern oder bei wartungsintensiven Produktionsmaterialien. Es können sich bspw. die Betriebskosten einer beschafften Maschine später durch die Anzahl und die Qualifikation des erforderlichen Bedienpersonals wesentlich unterscheiden. Diese TCO-Kosten finden sich in der Regel nicht in der Open-Book-Kalkulation zur Leistungserstellung wieder. Dort geht es um die Kosten der Leistungserstellung und nicht um Folgekosten. Die Folgekosten können aber dennoch für die Vergabeentscheidung entscheidend sein. Spielen sie eine wichtige Rolle, sollten sie auch systematisch im Angebotsverfahren erfasst werden. Das geschieht dann über eine TCO-Kalkulation. Sie ist ein optionaler Baustein der Preisabfrage.

Je mehr sich die Positionierung einer Vergabe von einer Wertschöpfungspartnerschaft hin zu einer Wettbewerbspartnerschaft bewegt, umso häufiger sollten in der Open-Book-Kalkulation einzelne Kalkulationsbestandteile abgegrenzt und zu kompakten Kalkulationsbausteinen zusammengefasst werden. Mit dieser Positionsbewegung nimmt schließlich die Bedeutung von Marktdruck in der Verhandlung zu und die vom Detailwissen ab. Das ist bei der Gestaltung der Preisabfrage zu berücksichtigen.

- **Wettbewerbspartnerschaften:** In den Wettbewerbspartnerschaften geht es um die Realisierung optimaler Kosten. Ein starker Nachfrager trifft auf Anbieter, die ins Geschäft wollen, untereinander substituierbar sind und zu starkem Wettbewerbsverhalten neigen. Die Kostenfrage dominiert das Verhandlungsverhalten – mit viel Druckpotenzial des Auftraggebers. Machtasymmetrie prägt das Verhandlungsspiel. Der Nachfrager sollte dazu seine Position entsprechend stark in den Bieterwettbewerb geben. Signifikante Preisbewegungen werden hier hauptsächlich über den Einsatz von Marktdruck realisiert. Das verlangt eine möglichst kompakte Preisabfrage auf Basis von Einstandspreisen. Gewisse Variationen im Detaillierungsgrad sind entsprechend des gewählten Preismodells möglich (s. u.). Spielen TCO-Kosten eine Rolle, sind diese zusätzlich mit abzufragen (optional). Auf eine Open-Book-Kalkulation der Bieter sollte aber verzichtet werden. Diese ermöglicht später nämlich den Bietern in der Verhandlung leichter die Flucht ins Detail und damit die Zerstreuung von Marktmacht. Das sollte man strukturell verhindern. Wer wirklich Marktmacht hat, sollte diese auch nutzen und nicht den Bietern Instrumente in die Hand geben, um dem Marktdruck ausweichen zu können.

Nichts spricht aber dagegen, selbst eine Open-Book-Kalkulation durchzuführen. Dann kann man selbst in der Verhandlung Detailfragen ansprechen, wenn das unbedingt nötig wird oder man nach der Realisierung von machtbedingten Preisveränderungen noch weitere Detaileffekte erzielen will. Im Kern bleibt man aber selber Herr des Verfahrens. Die Bieter spüren nur eins: Marktdruck. Kompakt und klar. Von Beginn an. Wenn es darauf ankommt, kennt man sich auch im Detail aus.

Bewegt sich die Vergabepositionierung jedoch stark in Richtung Wertschöpfungspartnerschaften können Preismodelle mit einer etwas größeren Preisdifferenzierung gewählt werden. Dabei könnten auch Open-Book-Aspekte mit in die Preisabfrage integriert werden. An der Grenze von

Marktclustern kommt es eben auch zu Mischformen in der Gestaltung der Preisabfrage. Bewegt man sich dementgegen in Richtung Abwicklungspartnerschaften, sollte die Preisabfrage sehr einfach gehalten werden.

- **Abwicklungspartnerschaften:** In Abwicklungspartnerschaften geht es um einfache, standardisierte Güter ohne großen Wert und ohne strategische Bedeutung. Entsprechend einfach ist hier die Preisabfrage: Einstandspreis auf Basis von Einheits- bzw. Stückpreismodellen. Das war es. Eine Open-Book- oder TCO-Kalkulation ist nicht sinnvoll. Hier geht es nur um die einfache Abwicklung der Geschäftsfälle mit einem konkreten Zielset: Prozesszeit- und Prozesskostenoptimierung. Entsprechend untergeordnet ist die Verhandlungsbedeutung und -intensität dieser Vergabeverfahren.
- **Beziehungspartnerschaften:** In diesem Marktcluster ist die Geschäftsbeziehung vom Lieferanten dominiert. Der Nachfrager ist schwach. Machtasymmetrie zugunsten des Lieferanten prägt das Verhandlungsspiel. Der Schlüssel liegt hier in der Gestaltung einer tragfähigen Beziehung unter schwierigen Bedingungen. Dabei sorgt Beziehung für Bewegung und nicht das Detailwissen um Kostenstrukturen. Entsprechend flexibel sollte die Konfiguration der Preisanfrage gehalten werden. Was kann sich der Nachfrager wirklich in der Preisabfrage leisten und was nutzt ihm am meisten für sein Beziehungsgeflecht? Diese Fragen prägen den Detaillierungsgrad und die Form der Preisabfrage.
- **Opportunitätspartnerschaften:** In diesem Marktcluster ist vergabespezifisch zu prüfen, ob man das Verfahren in Form einer Wertschöpfungs-, Wettbewerbs- oder Abwicklungspartnerschaft ablaufen lassen will. Entsprechend gelten die empfohlenen Strukturvarianten für die Preisabfrage.

Tab. 3.1 Strukturvarianten zur Gestaltung von Preisabfragen

Struktur: sehr einfach	Struktur: kompakt	Struktur: detailliert
Einstandspreis auf Basis einfachster Preismodelle	Einstandspreis auf Basis materialgruppenorientierter Preismodelle	Einstandspreis auf Basis material-gruppenorientierter Preismodelle
	+ TCO-Kalkulation (optional)	+ Open-Book-Kalkulation
		+ TCO-Kalkulation (optional)
Anwendungsfelder der Strukturvarianten		
Abwicklungspartnerschaft	Wettbewerbspartnerschaft	Wertschöpfungspartnerschaft
Opportunitäts-/Beziehungspartnerschaft (situationsbedingte Konfiguration)		

Im Ergebnis gibt es gemäß Tab. 3.1 drei prägende Strukturvarianten für die Preisabfrage: Detailliert für Verhandlungen auf einer breiten Informationsbasis, kompakt zur Verhandlung über die Marktmacht und einfach zur prozessoptimierten Abwicklung von C-Gütern. Die Auswahl der Struktur leitet sich dabei aus den Marktmachtverhältnissen ab.

3.2   Die richtige Gestaltung der Preisabfrage

Steht die Grundstruktur der Preisabfrage, ist sie mit Preisblatt und ggf. ergänzenden Kalkulationsvorgaben für die Ausschreibungsunterlagen konkret auszugestalten. Damit wird dem Bieter ein vorgegebenes Schema für seine kommerzielle Angebotsabgabe vorgegeben, das er zwingend einzuhalten hat. Der Bieter wird dadurch in der Preisabgabe in die Denk- und Handlungsstrukturen des Nachfragers gelenkt. Das ist ein strategischer Vorteil.

- **Gestaltung Preisblatt:** Zentrales Element der Preisabfrage ist zunächst das Preisblatt. Hier wird von den Bietern der angebotene Einstandspreis erfasst. Er ist Bestandteil aller Strukturvarianten und gehört an den Anfang der Preisabfrage. Geht man hier in das Detail, geht der Einstandspreis über den reinen Angebotspreis eines Gutes hinaus. Während der Angebotspreis lediglich den Verkaufspreis der Güter reflektiert, beinhaltet der Einstandspreis alle wesentlichen Elemente zur Durchführung einer Transaktion. In der Literatur ist der Begriff des Einstandspreises gut beschrieben und mit Kalkulationsschemata hinterlegt. In diesem Buch wird entsprechend Abb. 3.2 der Definition nach Melzer-Ridinger gefolgt (Melzer-Ridinger 2009). Betrachtet man die Kal-

---

Angebotspreis für die angefragte Leistung*
- Rabatt
- Skonto
+ Transportkosten
+ Verpackungskosten
+ Versicherungskosten
+ Zollkosten
= **Einstandspreis**

* Angebotspreis inkl. aller Zu- und Abschläge für Mengen, Material etc.

Abb. 3.2 Kalkulationsschema Einstandspreis

kulation, wäre die Abfrage eines Einstandspreises im Prinzip einfach. Man bräuchte lediglich eine Position abzufragen: den Einstandspreis inklusive aller kostenwirksamen Faktoren. Alternativ könnte man die oben dargestellten Positionen auch einzeln abfragen und ggf. noch weiter ausdifferenzieren. Für die Formulierung eines Preisblatts besteht somit Gestaltungsspielraum. Dieser Spielraum äußert sich insbesondere in den Möglichkeiten, die Position des „Angebotspreises" abzufragen. Für diese Abfrageposition ist ein geeignetes Preismodell auszuwählen. Dabei kann zwischen Festpreis-, Preisanpassungs- und Preisdynamisierungsmodellen unterschieden werden (Abb. 3.2).

Bei Festpreismodellen werden für Produkte oder Dienstleistungen Fixpreise vereinbart. Festpreismodelle geben Planungssicherheit und eignen sich insbesondere für Vergaben, die nicht von volatilen Preisbestandteilen geprägt sind.

– **Fixpreis-/Pauschalpreismodelle:** Bei Fix- bzw. Pauschalpreismodellen wird für das Gesamtpaket einer angefragten Leistung ein Komplettpreis abgefragt. Dieses Modell wird z. B. bei sehr hochwertigen Anfragen eingesetzt. Ein weiteres Anwendungsfeld sind komplexe Konzeptwettbewerbe, bei denen ganz unterschiedliche Lösungsansätze in einen harten Preiswettbewerb gebracht werden sollen. Der Hebel dieses Preismodells liegt in der Attraktivität großer Pakete. In der Verhandlung lenkt die Sicht auf das Gesamtpaket das Handeln der Akteure. Der Wettbewerb der Bieter sorgt für große Preisbewegungen, wenn jeder den Auftrag realisieren will. Wichtigste Voraussetzungen für dieses Preismodell sind daher attraktive Vergabepakete, ein ausgesprochen harter Wettbewerb unter den Bietern und eine signifikante Machtasymmetrie zugunsten des Nachfragers.

– **Stück-/Einheitspreismodelle:** Stück- bzw. Einheitspreismodelle finden in der Regel bei überschaubaren und standardisiert beschriebenen Leistungsanforderungen Anwendung. Beispielhaft genannt sind Katalogwaren, klar definierte Bauleistungen, einfache Produktionsmaterialien oder auch standardisierte Dienstleistungen. In diesem Modell werden standardisierte Leistungseinheiten definiert, für die jeweils ein Preis durch die Bieter abgegeben wird. So können beispielsweise für Reinigungsdienstleistungen die Leistungseinheiten „Reinigung/m^2 Boden", „Reinigung/m Fensterbank" oder „Leerung eines Papierkorbs" definiert werden. Ist in einem Leistungsverzeichnis ein Raumbuch mit einer Zuordnung der Leistungseinheiten entwickelt worden, kann über die Abfrage der Einheitspreise schnell ein Angebotsvergleich der Bieter und ein intensiver Wettbewerb innerhalb der Leistungsstandards initiiert werden. Hebel dieses Modells ist die Standardisierung von Leistungseinheiten.

– **Aufwandspreismodelle:** Diese Preismodelle werden häufig bei intellektuellen Dienstleistungen, z. B. bei Beratungsleistungen, im Projektmanagement oder auch bei Forschungs- und Entwicklungsaufträgen eingesetzt. Beim Aufwandspreismodell werden für definierte Leistungseinheiten – in der Regel Zeiteinheiten – vereinbarte Preise abgerechnet. Für die unterschiedlichen Dienstleistungen können Anforderungsprofile entwickelt werden, sogenannte „Skill-Level". So wären zum Beispiel in der Beratung „Skill-Level" wie Partner, Projektleiter, Senior-Consultant, Junior-Consultant oder Assistent definierbar. Zur Auftragsrealisierung werden dann von den Bietern Kapazitäten der unterschiedlichen „Skill-Level" angeboten, z. B. Manntage oder Stunden. Der Hebel dieses Preismodells liegt in der richtigen Gestaltung von „Skill-Level", der Steuerung des richtigen „Skill-Level-Mix", den insgesamt im Auftrag benötigten Zeiteinheiten und der Bepreisung der „Skill-Level" in Euro/Manntag oder Euro/Stunde.

– **Vollkosten- und Deckungsbeitragsmodelle:** Vollkosten- und Deckungsbeitragsmodelle können sinnvoll in Wertschöpfungspartnerschaften und großen Projekten angewendet werden. Basis ist hier, dass ein Angebotspreis für das Gesamtprojekt angefragt wird, hinterlegt mit einer „Open-Book-Kalkulation". Im Preisblatt wird die zusammenfassende Preisübersicht abgefragt. Die eigentliche Tiefenkalkulation ist dann Gegenstand der Open-Book-Anlage (s. u.). Der Hebel dieses Modells liegt in der Transparenz der Kosten-Leistungs-Beziehungen und im offenen Umgang der Verhandlungspartner. Die Vollkosten- und Deckungsbeitragsrechnung lässt am Ende auch durch die Auflösung von variablen und fixen Kosten eine Analyse der Auswirkung von Mengenänderungen oder auch von Preisveränderungen im Material- und Lohnkostenbereich der Lieferanten zu. Dies ermöglicht eine fundierte Optimierung von Kostenstrukturen.

– **Kosten-Plus-Modelle:** Bei Kosten-Plus-Modellen wird der Anbieter aufgefordert, im Rahmen einer Vollkostenrechnung seine Kostenstrukturen offenzulegen. Im Vergabeverfahren werden die Kosten plausibilisiert und am Ende von beiden Vertragspartnern freigegeben. Auf dieser Kostenbasis schlägt der Bieter eine prozentuale Gewinnmarge auf. Die Marge ist dann Gegenstand der Verhandlung, nicht jedoch die Kalkulationsgrundlage. Hebel dieses Modells ist wiederum die Kostentransparenz. Nachteilig wird sich auswirken, dass der Anbieter im Geschäftsverlauf nur wenig Interesse haben wird, Kosten zu senken, da sich seine nominale Marge entsprechend verringern würde. Häufig findet dieses Modell Anwendung, wenn der Lieferant die Beziehung dominiert und kein Wettbewerb möglich ist. Wenn man kann, sollte man auf dieses Modell verzichten.

Transaktionen werden auch in volatilen Märkten durchgeführt. Dies gilt zum Beispiel beim Einkauf von Rohstoffen. Zum Umgang mit volatilen Märkten wurden ebenfalls verschiedene Preismodelle entwickelt:

– **Indexpreismodelle:** Indexpreismodelle orientieren sich an anerkannten Marktindizes. Änderungen eines Marktindexes führen zeitgleich zu proportionalen Preisanpassungen. In der Vergabe geht es darum, für ein Produkt einen aktuellen Basispreis festzulegen und einen Marktindex zu vereinbaren, nach dem Preiserhöhungen oder auch Preissenkungen vorgenommen werden. Der Hebel dieses Modells liegt in der Festlegung des Basispreises, wobei z. B. ein Rabatt zum aktuellen Marktpreis vereinbart werden kann. Weitere Hebel können darin liegen, Indexveränderungen gegebenenfalls nur gedämpft in Anwendung zu bringen. Eine Preisveränderung von 10 % auf den Rohstoffmärkten könnte beispielsweise mit einem Dämpfungsfaktor von 0,8 in Wirkung gebracht werden. Gleichzeitig können Faktoren verhandelt werden, die die zeitliche Wirkung von Preisveränderungen hinauszögern.

– **Spannungsklauselmodelle:** Spannungsklauselmodelle sind eine Sonderform der Indexpreismodelle. Sie orientieren sich ebenfalls an Marktindizes. Preisänderungen erfolgen dabei jedoch nicht zeitlich unmittelbar und auch nicht in der Höhe direkt proportional zur Indexveränderung. Sie werden in der Höhe stufenweise und im Zeitpunkt zu Stichtagen vereinbart. So können beispielsweise für einen Rohstoff zwei Preisintervalle festgelegt werden: Intervall 1 – [70 EUR–90 EUR] und Intervall 2 – [91 EUR–110 EUR]. Befindet sich der Marktpreis für den Rohstoff in einem dieser Intervalle, greift eine entsprechende Intervall-Preisvereinbarung. Für das Intervall 1 kann z. B. ein Preis von 80 EUR und für das Intervall 2 ein Preis von 100 EUR festgelegt werden. Auf dieser Basis kann die Preisfindung zu Stichtagen durchgeführt werden. Es könnte vereinbart werden, zu Beginn eines Quartals den Intervallpreis festzuschreiben und für das gesamte Quartal anzuwenden. Der Hebel dieses Modells liegt insbesondere in der Stabilisierung volatiler Märkte.

– **Elementpreismodelle:** Elementpreismodelle finden Anwendung, wenn sich die Kostenstrukturen eines Produkts aus volatilen und nicht volatilen Preisbestandteilen zusammensetzen. Über die Lieferzeit können für die nicht volatilen Preisbestandteile Festpreise und für die volatilen Bestandteile Regeln zur Preisanpassung vereinbart werden. Es entstehen Preisgleitklauseln, die die Mechanismen für Preisanpassungen festlegen. Der Hebel dieses Modells liegt in der Trennung der volatilen und nicht volatilen Kostenbestandteile. In vielen Märkten wird versucht, Preissteigerungen eines volatilen Kostenelements auf das gesamte Produkt zu übertragen. Dieser Tendenz kann man mit Elementpreismodellen entgegentreten.

– **Forward-Pricing-Modelle:** Forward-Pricing-Modelle können zum Tragen kommen, wenn ein langfristig konstanter Bedarf eines Produkts mit volatiler Preisbildung vorliegt. In diesem Fall ist es möglich, bereits heute für Bedarfsanteile einen Preis zu fixieren, die erst zu einem späteren Zeitpunkt geliefert werden. Geschieht dies regelmäßig und systematisch, entsteht langfristig ein rotierendes System, bei denen jeweils für kleine Tranchenmengen Preise und Abnahmen verbindlich vereinbart werden: jeweils für die noch offene, nicht preislich fixierte Restmenge des aktuellen Bedarfs und für die Tranchenmengen der zukünftigen Bedarfszeitpunkte. Ziel dieses kontinuierlichen Trancheneinkaufs ist eine zeitliche Glättung der volatilen Preisbasis. Es entsteht ein gleitender Mittelwert der Einstandspreise, der die Preisausschläge im Unternehmen dämpft und so für Planungssicherheit sorgt.

– **Ergänzende Preissicherungsmodelle:** Neben den vorgestellten Grundmodellen zur Preisbildung kommen in volatilen Märkten noch weitere Preissicherungsmodelle zum Einsatz. Besonders hervorzuheben sind hier die Instrumente SWAP, Call-Optionen und Natural Hedging (Schulte 1990; Rapp und Hummek 2010; Holtmann 2009; Wagmer 2010; Bremen 2010).

Ein weiterer wichtiger Aspekt bei der Gestaltung von Preismodellen ist die Preisdynamisierung. So können Mengenanpassungen zu Preisveränderungen führen. Gleichzeitig entstehen über eine längere Geschäftsbeziehung auch bei den Lieferanten Rationalisierungspotenziale, um die Kosten der Leistungserstellung zu reduzieren. Diese Effekte sollten bei der Konzeption durch Preisdynamisierungsmodelle berücksichtigt werden:

– **Staffelpreismodelle:** Bei Staffelpreisen werden zu Beginn einer Lieferbeziehung Mengenkorridore festgelegt, bei denen es zu Kostendegressionseffekten kommt. Es werden Preisstaffeln in Abhängigkeit von Abnahmemengen vereinbart. Der Hebel der Kostendegression kann mit Zeitpunktfaktoren gekoppelt werden. So kann bei Überschreitung einer Liefermenge sofort die Wirksamkeit des niedrigeren Preises vereinbart werden. Andererseits wäre es möglich, den Preis für die Standardmenge über das ganze Jahr hinweg zu bezahlen, um am Jahresende einen Mengenausgleich durchzuführen, d. h. eine Gutschrift auf die letzte Rechnung zu erzeugen.

– **KVP-Modelle:** In Dauerschuldverhältnissen können Preisdegressionen in Abhängigkeit des zeitlichen Geschäftsverlaufs vereinbart werden. Dabei geht man davon aus, dass während der Zusammenarbeit Verbesserungspotenziale in der Leistungserstellung entdeckt und realisiert werden können. Dazu können Erfahrungskurvenanalysen durchgeführt werden, die transparent machen, welche Rationalisierungseffekte bei gleichen oder vergleichbaren Gütern in der Vergangenheit realisiert wurden. Auf dieser Basis können Prognosen für Rationalisierungseffekte vorgenommen und in Verträgen eine sogenannte KVP-Rate (KVP-kontinuierlicher Verbesserungsprozess) vereinbart werden. Diese KVP-Rate sieht vor, dass zu den festgelegten Zeitpunkten der Angebotspreis abgesenkt wird, zum Beispiel 3 % nach einem Jahr, weitere 2 % nach zwei Jahren und ein weiteres Prozent im dritten Jahr der Vertragslaufzeit. Der Hebel dieses Modells liegt in der Teilung von Rationalisierungseffekten zwischen Auftraggeber und Auftragnehmer. Allerdings besteht auch die Gefahr, dass Lieferanten ihre KVP-Rate direkt mit einpreisen und die Ausgangsbasis des Preises „still" erhöhen. Um diesem Effekt entgegenzuwirken, kann alternativ auch die Durchführung eines jährlichen KVP-Workshops vereinbart werden. Dieser Workshop soll in gemeinsamer Arbeit die Rationalisierungspotenziale beim Lieferanten herausarbeiten und bewerten. Für die erarbeiteten Rationalisierungseffekte kann dann im Vertrag eine Teilungsrate z. B. von 50:50 vereinbart werden. Das reduziert für den Auftraggeber die Kosten im Bezug und erhöht gleichzeitig beim Auftragnehmer die Marge.

Im Ausschreibungsdesign kommt es darauf an, die Anwendung der verschiedenen Preismodelle kritisch zu reflektieren. Dazu sollten die Wirkungen, Chancen und Risiken der Modelle diskutiert und abgewogen werden. Am Ende muss die Auswahl eines oder die Kombination mehrerer Preismodelle stehen. Je besser der Blick für die Marktlage ist und je schärfer die Kostenstrukturen herausgearbeitet wurden, desto besser können die Vor- und Nachteile der Preismodelle (Seidenschwarz 1993; Dinger 2002; Melzer-Ridinger 2009; Hartmann 2010; Däumler und Grabe 2009; Weinert 2017; Langenbeck und Burgfels-Schächer 2017; Schulte 1990; Rapp und Hummek 2010; Holtmann 2009; Wagmer 2010) bewertet werden (vgl. Abb. 3.3).

Hat man sich für ein Preismodell entschieden, sind die einzelnen Preisfaktoren zu konkretisieren und ein Preisblatt zu entwickeln. Das Preisblatt wird für die Bieter zur verbindlichen Vorgabe für ihre kommerziellen Angebote. Ein Beispiel aus der Dienstleistung zeigt Abb. 3.4 auf.

- **Preisblatt – Anlage „Open-Book-Kalkulation":** Hat man sich für eine detaillierte Preisanfragestruktur entschieden, wird das Preisblatt mit einer Anlage „Open-Book-Kalkulation" hinterlegt. Dazu wird dem Bieter eine konkrete Vorlage zur Bewertung und Offenlegung der Einsatzfaktoren der angebotenen Leistung vorgegeben. Aus dieser Kalkulation geht dann hervor, wie sich die Preisstellung aus dem Preisblatt im Detail zusammensetzt. Hat

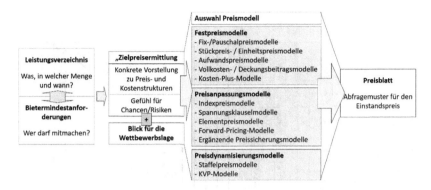

Abb. 3.3 Preismodelle

Preisblatt						
Ausschreibung A23475863/332 - Beratungsdienstleistung Geschäftsfeldoptimierung						

Preismodell: Aufwandspreismodell

Geben Sie je Skill-Level den Grundpreis je Manntag (MT) in EURO an. Basis des Preisbildung sind die Skill-Level-Definitionen gemäß Leistungsverzeichnis §4.1. Geben sie je Projektphase den Kalkulierten MT-Aufwand an.

Skill-Level/Andere Einsatzfaktoren	EUR	Phase I MT	Phase II MT	Phase IV MT	Manntage SUMME	SUMME EUR
Partner						
Projektleiter						
Experte						
Senior Consultant						
Junior Consultant						
Analysten						
SUMME						

Manntage: _____

Angebotspreis:_____

- Strategischer Rabatt:__%

+ Reisekosten: _____

Gesamtsumme:_____

Abb. 3.4 Preisblatt – Beispielformular für ein Aufwandspreismodell

man im Rahmen der Zielpreisbestimmung für klar spezifizierte Produkte und Dienstleistung eine entsprechende Eigenkalkulation durchgeführt, können die dort verankerten Kalkulationsstrukturen als Kalkulationsmuster eingesetzt werden. Damit steht die Anlage „Open-Book-Kalkulation".

Wurde zur Zielpreisbestimmung keine Open-Book-Kalkulation durchgeführt oder war das bei funktionalen Ausschreibungen noch nicht exakt möglich, lassen sich dennoch Kalkulationsgrundmuster für die Preisabfrage vorbereiten. Dies wird in Abb. 3.5 gezeigt.

Materialeinzelkosten			
Pos:	Rohstoffe	Menge [kg] / Stk	EUR/Stk
1			
2			
3			
4			
5			

Pos:	Zukaufteile (Sachnummer)	Anzahl /Stk	EUR/Stk
1			
2			
3			
4			
5			
6			
7			
8			
9			
10			
11			
12			

Fertigungseinzelkosten				
Pos:	Eingesetzte Anlagen / Maschinen	EUR/h	Zykluszeit/Stk	EUR/Stk
1				
2				
3				
4				
5				

Pos:	Werkzeuge	Lebensdauer	Kosten	EUR/Stk
1				
2				
3				

Pos:	Rüst-/Verschnittkosten	Rüstzeit	Mengenanteil	EUR/Stk
1	Rüstkosten		XXXXXXXXXXX	
2	Verschnittkosten	XXXXXXXXXXX		

Pos:	Sondereinzelkosten (inkl. Logistik)			EUR/Stk
1				
2				
3				
4				
5				

Materialgemeinkosten	Zuschlag [%]	EUR/Stk
Material GK- Satz		

Fertigungsgemeinkosten	Zuschlagfaktor [%]	EUR/Stk
Fertigung GK- Satz		

Verwaltungsgemeinkosten	Zuschlag [%]	EUR/Stk
Verwaltung GK- Satz		

Vertriebsgemeinkosten	Zuschlagfaktor [%]	EUR/Stk
Vertrieb GK- Satz		

SUMME Selbskosten je Stück		EUR/Stk

Marge	Zuschlag [%]	EUR/Stk.

Angebotspreis	EUR/stk

Abb. 3.5 Open-Book-Kalkulation – offenes Beispiel

Diese Grundmuster orientieren sich an den Eckbausteinen der Vollkosten-rechnung. Lediglich die Kalkulationsdetails sind nicht oder nur teilweise vor-gegeben. Sie werden von den Bietern selbst im Rahmen des Angebots präzisiert. Im Ergebnis wird die Vergleichbarkeit zwischen den Bietern auf der Einzel-kostenebene in dieser Durchführungsform schwächer ausfallen als bei exakt vor-gegebenen Strukturen. Andererseits werden aber auch die Unterschiede in der Kostenkonzeption der Bieter deutlich, was in funktionalen Ausschreibungen ein Vorteil ist. Im späteren Verlauf des Vergabeverfahrens können auch unterschied-liche Kalkulationsansätze der Bieter ggf. verdichtet oder harmonisiert werden. Mit der ersten Open-Book Basis lässt sich also kreativ weiterarbeiten (Abb. 3.5).

Nach Quantifizierung und Bewertung der in einer Open-Book-Kalkulation abgeforderten Einsatzfaktoren können später die Bieter im Angebotsvergleich untereinander und mit der eigenen Zielpreiskalkulation verglichen werden. Detaillierte Stellhebel für die Verhandlung lassen sich hier generieren.

• **Preisblatt – Anlage TCO-Kalkulation:** Entstehen aus einer Beschaffung Folge-kosten, können diese für eine Auftragsvergabe entscheidend sein. Ist das der Fall, greift die TCO-Methode. Sie ist nicht neu und in der Literatur umfassend beschrieben. Eine gute Übersicht gibt hier Bremen (2010). Dort sind die typi-schen Kostenfaktoren, die Möglichkeiten ihrer Ordnung und die mit ihrer Bewertung zusammenhängenden Chancen und Risiken ausführlich beschrieben. Inhaltlich werden unter den TCO-Kosten grundsätzlich alle Kosten verstanden, die in die folgenden Kategorien fallen:

– **TCO-Kosten vor der Durchführung einer Transaktion:** Kosten für Bedarfsanalysen, Lieferantenanalysen, Lieferantenbewertungen, Lieferantenanbindungen, etc.

– **TCO-Kosten in der Durchführung einer Transaktion:** Angebotspreis, Transportkosten, Verpackungskosten, Versicherungskosten, Zollkosten etc.

– **TCO-Kosten nach Durchführung der Transaktion:** Kosten für Lage-rung, Weitertransport, Entsorgung, Bereitstellung, Schulung, Servicedienste, Ersatzteile, Instandhaltung, Wartung, Störungen, Energie, Personal etc.

In Bezug auf die Preisabfrage bei Lieferanten werden in der Regel nur die TCO-Kostenfaktoren genutzt, die diesen auch direkt treffen. Abb. 3.6 gibt ein Beispiel.

Bei der Anwendung der TCO-Kostenkalkulation sollte beachtet werden, dass die Methode erhebliche Unschärfen mit sich bringt. Viele der TCO-Kostenfak-toren lassen sich nicht wirklich exakt vorhersagen. Das gilt besonders, wenn es um Laufzeiten von mehreren Jahren geht. Energiekosten, Personalkosten oder auch Kosten, die auf regulative staatliche Eingriffe zurückgehen, sind eben von Natur aus volatil und in ihrem Verlauf teilweise nicht vorauszusehen.

Preisblatt – Anlage 2 „TCO-Kosten"				
Produktposition: Maschine AX45736583657				
TCO-Position	**Einheit/a**	**Kommentar**	**Kosten/Einheit [EUR]**	**Summe [EUR]**
Bedienpersonal	3	1 Maschinenführer je Schicht	60.000	180.000
Energie	85000 kwh	3-Schichtbetrieb	0,20	17.000
Fläche	150qm	Standfläche in Halle	90	13.500
Schulungsmaßnahmen	1	Weiterbildung Maschinenupdates	3.000	3.000
Wartungsmaßnahmen	12	12 Regelprüfungen pro Jahr	1.200	14.400
Verschleißteil x3465	4	quartalsweiser Regelaustausch	700	2.800
Verschleißteil y4657	12	monatlicher Regelaustausch	2.000	24.000
Verschleißteil y 4554	1	jährlicher Regelaustausch	1.500	1.500
			TCO-Kosten / Jahr	**256.200 EUR**
			Lebensdauer	**6 Jahre**
			TCO-Kosten	**1.537.200 EUR**

Abb. 3.6 Beispielformular „TCO-Kostenkalkulation"

Auf Basis der in den Kap. 2 und 3 dargestellten Methoden können markt- und wettbewerbsgerechte Kalkulationen und Preisabfragen ausgestaltet werden. Das unterstützt ganz wesentlich die Gestaltung effizienter Vergabeprojekte in der Beschaffung – für einen starken EBIT-Beitrag des Einkaufs.

Im Folgenden werden zwei Cases zu Kalkulationen beispielhaft aufgezeigt, mit denen in der Praxis große Erfolge realisiert wurden.

Praxisbeispiele der costdata GmbH

4

In den folgenden Kapiteln werden zwei praktische Kalkulationsbeispiele kompakt aufbereitet, mit denen in der Beschaffung signifikante Kostenoptimierungen in der Vergabe durch die Firma costdata GmbH erreicht werden konnten (Weinert F. 2016–2019).

4.1 Kompetenz- und Optimierungsansatz der costdata GmbH

Die costdata GmbH, ansässig in der rheinischen Metropole Köln, beschäftigt sich seit mehr als 20 Jahren mit den vielfältigen Themen rund um die Kostenanalyse. Als Beratungsunternehmen verfügt das Unternehmen über tiefgreifendes Wissen, um Klienten in Hinsicht auf Kalkulationen, Preisgestaltung und Kostentransparenz zu unterstützen. Neben den Kalkulationsleistungen bietet costdata, in Zusammenarbeit mit der Cost Engineering Academy, ein breites Portfolio an Trainings und Workshops an, um den Transfer von Fertigungs-Know-how zu fördern und Cost Engineers auszubilden.

Das hauseigene Software-Tool costdata® calculation dient als fähiges Werkzeug, um schnell, flexibel und transparent Kostenkalkulationen zu erstellen. Speziell im Einkauf sowie in der Nach- und Vorkalkulation von Zukaufteilen hat sich die Firma und die Software einen Namen gemacht. Das Erreichen der maximalen Kostentransparenz steht im Vordergrund, soll doch mit dem Kalkulationsergebnis das größtmögliche Potenzial, die sogenannte „Bottom Line", für die Verhandlungsführung eruiert werden. Um Informationslücken zu schließen, bietet costdata innerhalb der Software Datenbanken an. Somit kann der Kalkulator

© Springer Fachmedien Wiesbaden GmbH, ein Teil von Springer Nature 2020
E. Bräkling et al., *Kalkulation im Einkauf*, essentials,
https://doi.org/10.1007/978-3-658-28321-6_4

trotz fehlender Kenntnisse der Realbedingungen mit Rückgriff auf die Benchmark-Daten, welche als Durchschnittsdaten definiert sind, zu verlässlichen Ergebnissen gelangen. Mit fast fünf Millionen Datensätzen in den Sektionen Material, Maschine, Lohn, Gehalt, Standortfaktoren und Gemeinkostensätze, hat der costdata® calculation-Nutzer ein weites Arsenal an Hilfen, die eine schnelle und verlässliche Kalkulation ermöglichen.

In der heutigen Industriewelt, die von „Big Data" geprägt ist, sind Daten ein überaus wichtiges und effektives Gut, das maßgeblich zum Erfolg einer Verhandlung beiträgt. costdata hat sich als bedeutender Datenlieferant auf dem Markt etabliert und bietet im Zusammenspiel von Daten, Software und Wissen einen Full-Service-Ansatz, der in dieser Form für Expertise steht.

Aus ihrer Historie ist die costdata seit Beginn der Unternehmenstätigkeit eng mit der globalen Automobilindustrie verbunden. Gründer und Geschäftsführer Frank Weinert arbeitete mehr als zehn Jahre für die Ford-Werke, war international im Einsatz und lernte nicht nur die Grundregeln der Kostenanalyse, sondern auch die spezifischen Fertigungsprozesse kennen. Heute kann er auf ein beachtliches Netzwerk an internen und externen Fachleuten zurückgreifen, die Unternehmen bei der Kalkulation von Komponenten unter die Arme greifen. Vom OEM bis in die unteren Ebenen der Zulieferindustrie schätzt man die Kompetenzen der costdata-Fachleute. Diese werden dann zur Hilfe gerufen, wenn entweder Kenntnisse oder Ressourcen rar sind. Dass die technologischen Tätigkeitsfelder vielfältig sind, erschließt sich nicht erst auf den zweiten Blick. Über Metall-, zu Plastik- oder Gummiteilen, aber auch Elektronik-Komponenten, lagen schon unterschiedlichste Produkttypen auf den Tischen der Spezialisten. Besonders Komponenten, die in hohen Stückzahlen produziert und zugekauft werden, liefern große Einsparpotenziale. Diese können schnell eine größere Geldsumme ausmachen. Schon wenige Cent machen bei einer Abnahmemenge von bis zu einer Million Teilen beachtliche Summen aus. Der Kostenanalytiker spricht von „quick wins". Eine professionelle Kalkulation kann schnell Optionen aufzeigen, welche im Diskurs mit dem Lieferanten Erfolge generieren.

Weiterführend sollen zwei konkrete Beispiele skizziert und ausgeführt werden, die einen Einblick in die Arbeit der costdata-Kostenanalysten darbieten.

4.2 Praxisbeispiel Aluminiumdruckguss

Im Jahr 2017 konnten zum Beispiel die costdata-Mitarbeiter in einem Kundenprojekt ein von der Komplexität her überschaubares Aluminium-Druckgussteil analysieren. Mithilfe der Benchmark-Daten war dies schnell gemacht. Die costdata-Experten erhielten eine technische Zeichnung, welche als Basis für die Kalkulationserstellung verwendet wurde. Das genutzte Rohmaterial war in der Datenbank vorhanden, wie insgesamt über 27.000 andere Materialien, die mindestens alle drei Monate aktualisiert werden. Innerhalb des Produkts wurden zwei Buchsen verbaut. Diese Sonderposten (C-Teile) werden durch die hausinterne Recherche-Abteilung ermittelt und quantifiziert. Für den costdata-Profi also eine schnelle Angelegenheit. Spätestens im Bereich der Fertigungskosten kommt nun das Expertenwissen zum Einsatz. Insgesamt fünf Schritte setzte der Kostenanalyst an. Neben dem Druckgießen wurden Prozesse für die CNC-Bearbeitung, Waschen, Montage und Prüfen hinterlegt. Ein Prozess zeichnet sich immer durch die Angabe einer Zykluszeit, einer Maschine, von Personal und Rüstkosten aus. Auch hier kann der Analyst auf die Datenbanken der costdata zurückgreifen.

Was bieten die Datenbanken konkret? Der Analyst kann aus einem Fundus von über 11.000 Maschinen (stetig steigend) eine Maschine auswählen und dabei sogar seine konkreten Anforderungen bezüglich Hersteller und Modelltyp miteinbeziehen. Die Zykluszeit hinterlegt er manuell oder nutzt das Technologiemodul, das für über 60 Technologien Hilfestellungen leistet. Auch für Druckguss ist eine Zykluszeit errechenbar.

Weltweite Personalkosten erhält er aus der costdata-Lohndatenbank – von A wie Albanien bis Z wie Zypern. Die Datenbank umfasst über 2800 Länderregionen, jeweils 15 Branchen (hier z. B. Metallbearbeitung) und gibt für jede Kombination zehn Qualifikationslevel aus.

Rüstkosten sind dann die letzte Instanz, die der Experte anzusetzen hat. Maximale Schnelligkeit, maximale Transparenz, maximale Flexibilität: Alles das führt zu weniger Kosten für den Kunden. Die komplette Ausarbeitung gibt es in PDF und Excel. Im Schnitt zeigen die costdata-Experten Potenziale zwischen 12 und 23 % auf. Die Umsetzung der Potenziale liegt beim Kunden. Nicht selten wird auch hier die Expertise seitens costdata hinzugezogen. Durchschnittlich kann man von einer Potenzialumsetzung von 50 % ausgehen. Wie sich schnell zeigt, schlägt der rationale, zahlenbasierte Ansatz die bisherige, immer noch stark verbreitete talentbasierte und emotionale Verhandlungsführung. Zahlen sprechen für sich, Transparenz erreicht man durch Austausch, Diskurs und Dialog. Diesen Ansatz praktiziert die costdata erfolgreich seit mehr als zwanzig Jahren. Im hier aufgeführten Projekt konnte eine reale Einsparung von 7 % umgesetzt werden.

Projekt "Aluminiumdruckguss" (Deutschland)

Kostenverteilung	Ursprünglich		Potenzial: 17,43% costdata		Realisiert: 6,91% Realisiert		Stückzahl (per anno)	Einsparungen (per anno)
	Absolut	Anteil am Produkt	Absolut	Anteil am Produkt	Absolut	Anteil am Produkt		
Material	0,41 €	13,40 %	0,34 €	13,26 %	0,39 €	13,55 %	250.000	5.000,00 €
Zukaufteile	0,65 €	21,57 %	0,53 €	21,00 %	0,61 €	21,44 %	250.000	10.000,00 €
GK: Material & Zukaufteile	0,05 €	1,36 %	0,03 €	1,33 %	0,03 €	1,36 %	250.000	5.000,00 €
Fertigung	1,35 €	44,47 %	1,15 €	45,70 %	1,30 €	45,62 %	250.000	12.500,00 €
Rüstkosten	0,01 €	0,20 %	0,01 €	0,28 %	0,01 €	0,26 %	250.000	0,00 €
Schrottkosten	0,03 €	1,12 %	0,01 €	0,45 %	0,01 €	0,45 %	250.000	5.000,00 €
GK: Verwaltung, Vertrieb, Logistik, Entwicklung	0,24 €	7,92 %	0,20 €	8,03 %	0,23 €	8,01 %	250.000	2.500,00 €
Fracht, Verpackung, Zoll	0,05 €	1,61 %	0,03 €	1,21 %	0,03 €	1,07 %	250.000	5.000,00 €
Sondereinzelkosten	0,07 €	2,45 %	0,07 €	2,94 %	0,07 €	2,60 %	250.000	0,00 €
Werkzeugkosten	0,06 €	1,81 %	0,04 €	1,71 %	0,04 €	1,51 %	250.000	5.000,00 €
Gewinn (5% auf Material, Zukaufteile, Fertigung)	0,12 €	4,03 %	0,10 €	4,03 %	0,11 €	4,06 %	250.000	2.500,00 €
Produktpreis	**3,04 €**		**2,51 €**		**2,83 €**			**52.500,00 €**

Wie sich an diesem „kleinen Beispiel" zeigen lässt, ist die Kostenanalyse besonders für Komponenten mit geringerer Komplexität und großen Stückzahlen eine mehr als erstrebenswerte Option, um Kosten einzusparen. Vermehrt öffnen sich aber auch Industrien der Kostenanalyse, die andere Rahmenbedingungen als die Automobilindustrie vorliegen haben. Hochtechnologie, Defence oder auch und besonders der Maschinen- und Anlagenbau übernehmen die erprobte Methodik. Hierbei werden zwei wichtige Stellgrößen verändert, die in der Kostenanalyse zu beachten sind. Erstens werden in der Regel deutlich weniger Stückzahlen angesetzt; das kann bis zur Stückzahl Eins gehen. Zweitens kann die Komplexität deutlich steigen, weshalb auch ganze modulare Systeme betrachtet werden. Es gilt also das Augenmerk verstärkt auf die Kostentreiber Rüstkosten (Losgrößeneffekte) und Gemeinkosten zu legen. Hierzu folgt Beispiel 2.

4.3 Praxisbeispiel Gemein- und Rüstkosten

Die Spezialisten der costdata verstehen sich als ganzheitliche Betreuer der Kostenanalyse. Dabei umfasst die Kalkulationsleistung ein breites Spektrum an Fertigungsprozessen, Produktfeinheiten und technologischen Kompetenzen. Speziell im Bereich der komplexen Produktentwicklung, die nicht nur einkaufsorientiert, sondern auch in den Abteilungen Entwicklung, Controlling und Vertrieb und damit verbunden in der eigenen Kostenrechnung (Ist- und Soll-/ Angebotskosten) begutachtet wird, ist es wichtig, einen vollumfänglichen Blick auf die Kosten zu erhalten. Kosteneffekte steigen proportional mit der Komplexität, die Ungenauigkeiten und möglichen Mehrkosten aufgrund von fehlender Transparenz in gleichem Maße. Nicht selten werden komplette modulare Systeme durch die Kostenanalysten kalkuliert. Komponenten werden dabei über verschiedene Zulieferer an unterschiedlichen Orten auf der Erde erworben und in eigenen Werken zum Endprodukt zusammenmontiert. Fehlerhafte Annahmen bei direkten Kosten (Material, Maschine, Personal) sind durch Recherche oder Rückgriff auf die Benchmark-Daten der costdata zu vermeiden. Bei indirekten Kosten, d. h. den Gemeinkosten, stehen viele Unternehmen vor einer „Blackbox". Sie haben keine Kenntnisse und behelfen sich mit allgemeinen Zuschlägen. Dieser Ansatz ist für Kostenprofis nicht hinnehmbar. Deshalb greifen sie auf eine umfangreiche Gemeinkosten-Datenbank zurück. Diese Datenbank sammelt das Wissen aus Personal- und Kostenstrukturen, welches costdata in mehr als zwanzig Jahren und Tausenden von Projekten erwerben konnte. In Kombination mit der Recherche von weltweiten Gehältern und branchenspezifischen, wie auch landestypischen, wirtschaftlichen Entwicklungen, weist costdata eine Datenbank aus, mit der ein Kalkulationsergebnis auch in Bezug auf die indirekten Kosten komponentengenau abgebildet werden kann. Der Kalkulator benötigt lediglich die Definition der Länderregion, der Branche, des Material-zu-Umsatz-Verhältnisses und des Umsatzes für das abzubildende Unternehmen.

In einem im Jahre 2016 durchgeführten Projekt wurden die Kostenanalysten mit einer Baugruppe eines Getriebes konfrontiert, das vier Produktions-/ Zulieferstandorte und insgesamt 15 Produktkomponenten umfasste. Mithilfe der Software costdata® calculation konnte die Infrastruktur einfach nachgebildet werden, wodurch es möglich war, für jede Komponente eine individuelle Kostenzuteilung der jeweiligen Gemeinkosten zu hinterlegen. Dies erforderte besondere Beachtung, da mit Polen ein Niedriglohnland, aber mit Deutschland ein Land mit hohen Löhnen involviert war, weshalb auch deutlich unterschiedliche Gemeinkostenstrukturen vorlagen. Eine dezidierte Kostenbetrachtung mit professionellem Maßstab erfordert, dass genau diese Feinheiten betrachtet werden. Sowohl in der operativen Betrachtung (Status quo), als auch in der strategischen Betrachtung (Standortverlagerungsszenarien) kann ein „quick win" erreicht, aber auch ein mögliches, langfristig besseres Zukunftsszenario entwickelt werden, welches langfristig noch größere Potenziale bereithält.

Ein weiterer Kostentreiber, so stellte sich schnell heraus, waren die Rüstkosten. Das sehr spezielle Getriebe hatte eine Abnahmemenge von 20.000 Stück pro Jahr. Die geringe Stückzahl führte unweigerlich zu einer kleinen Losgröße. Diese Kenntnis hatte Einfluss auf die Wahl der Fertigungstechnologie, Produktionsstandort und Qualität und Quantität des eingesetzten Personals. Fertigungsszenarien und Abhängigkeiten zu erkennen, die richtigen Schlüsse und Empfehlungen abzuleiten, sind wichtige Eigenschaften eines kompetenten Kostenanalytikers. Existierende und bestehende Rahmenbedingungen einschätzen, abbilden und quantifizieren zu können, bilden den Rahmen der klassischen Kostenanalyse (Cost Engineering). Dies weiterzudenken und Optionen und Szenarien, speziell in alternativer Fertigung, Materialauswahl und in der Nutzung von Synergieeffekten zu kreieren, öffnet neuen Handlungsspielraum für Klienten und neue Produktmodifikationen. Die Kostenanalyse wandelt sich zur Wertanalyse (Value Engineering) – der Königsdisziplin.

Im geschilderten Projekt konnten umfassende Potenziale unter der aktuellen Beschaffungsstrategie ermittelt werden.

Projekt "Getriebe" (Polen)	Anzahl in BOM (Stück)	Potenzial (costdata)	Gewichtetes Potenzial (costdata)	Potenzial (realisiert)	Gewichtetes Potenzial (realisiert)
Komponente 1	15	12%	2,12%	9%	1,59%
Komponente 2	2	14%	0,33%	11%	0,26%
Komponente 3	3	14%	0,49%	12%	0,42%
Komponente 4	6	15%	1,06%	13%	0,92%
Komponente 5	1	12%	0,14%	9%	0,11%
Komponente 6	3	6%	0,21%	6%	0,21%
Komponente 7	2	9%	0,21%	7%	0,16%
Komponente 8	5	12%	0,71%	10%	0,59%
Komponente 9	5	13%	0,76%	10%	0,59%
Komponente 10	2	14%	0,33%	12%	0,28%
Komponente 11	12	14%	1,98%	11%	1,55%
Komponente 12	12	14%	1,98%	9%	1,27%
Komponente 13	10	16%	1,88%	15%	1,76%
Komponente 14	3	17%	0,60%	17%	0,60%
Komponente 15	4	16%	0,75%	14%	0,66%
SUMME	85		**13,55%**		**10,98%**

Die einzelnen Komponenten offenbarten allesamt Potenziale, wobei das kleinste bei 6 % und das größte bei 17 % lag. Aufgrund der hohen Spezifikation wurden Alternativszenarien, wie von der costdata dargelegt, vorerst nicht weiterverfolgt. Die erhöhten Logistikkosten eliminierten die Lohneffekte, die asiatische Länder als Alternative ins Spiel brachten. Osteuropäische Länder wie Rumänien, Nordmazedonien oder Serbien, die im Vergleich zu Polen noch geringere Löhne aufweisen, konnten noch keine äquivalente Zulieferindustrie anbieten. Somit veranlasste man die Verhandlungen mit den existierenden Zulieferern in Polen. Unter dem Strich stand eine Gesamtreduzierung von 11 %.

Was Sie aus diesem *essential* mitnehmen können

- Bedeutung der Kalkulation für einen starken Einkauf
- Methoden der Zielkostenkalkulation
- Aufbau und Struktur der Vollkostenrechnung
- Nutzung der Kalkulationserkenntnisse für den Einkauf
- Praxisbeispiele

© Springer Fachmedien Wiesbaden GmbH, ein Teil von Springer Nature 2020
E. Bräkling et al., *Kalkulation im Einkauf,* essentials,
https://doi.org/10.1007/978-3-658-28321-6

Literatur

Bräkling E, Oidtmann K (2019) Beschaffungsmanagement: Erfolgreich einkaufen mit Power in Procurement. Springer Gabler, Wiesbaden

Bremen (2010) Total-cost-of-ownership. Dissertation, ETH Zürich

Däumler K-D, Grabe J (2009) Deckungsbeitragsrechnung. Mit Fragen und Aufgaben, Antworten und Lösungen, Testklausur. 9., vollst. überarb. Aufl. Verlag Neue Wirtschafts-Briefe (Lehrbuch), Herne

Dinger H (2002) Target Costing. Praktische Anwendung im Entwicklungsprozess, 2 Aufl. Hanser (Pocket-Power Einkauf und Logistik), München, S 114

Hartmann H (2010) Wie kalkuliert Ihr Lieferant? Ratgeber für erfolgreiche Preisverhandlungen im Einkauf. 2., überarb. u. erw. Aufl. Deutscher Betriebswirte-Verlag (Praxisreihe Einkauf Materialwirtschaft, 12), Gernsbach, S 65–76

Holtmann J (2009) Wie Sie volatile Preise mit CAPS und SWAPS sinnvoll absichern. In: TROCHA (Hrsg) Praxishandbuch Einkauf & Beschaffung, 2 Aufl. Verlag für die Deutsche Wirtschaft AG, Bonn, S 78–81

Langenbeck J, Burgfels-Schächer B (2017) Kosten- und Leistungsrechnung: Grundlagen. Vollkostenrechnung. Teilkostenrechnung. Plankostenrechnung. Prozesskostenrechnung. Zielkostenrechnung. Kosten-Controlling

Melzer-Ridinger R (2009) Materialwirtschaft und Einkauf. Beschaffungsmanagement, 5 Aufl. Oldenbourg, München, S 35

Rapp S, Hummek P (2010) Glättung der Rohstoffeinkaufskosten. In: Beschaffung aktuell, H. 1, S 16–17

Schulte P (1990): Einkaufen – professionell und erfolgreich, Bd 3. Ehningen, S 92

Seidenschwarz W (1993) Target costing. Marktorientiertes Zielkostenmanagement. Universität Stuttgart, Dissertation 1992. Vahlen (Controlling-Praxis), München

Wagmer M (2010) Werkzeuge zur Absicherung von Preisrisiken. In: Beschaffung aktuell, Heft 1, S 22–23

Weinert F (2016–2019) Praxisbeispiele der costdata GmbH

Weinert F (2017) Cost control. Laureate International Universities

© Springer Fachmedien Wiesbaden GmbH, ein Teil von Springer Nature 2020
E. Bräkling et al., *Kalkulation im Einkauf,* essentials,
https://doi.org/10.1007/978-3-658-28321-6